日経文庫
NIKKEI BUNKO

ビジネススクールで教える経営分析
太田康広

日本経済新聞出版

まえがき

　この本は、筆者が、あちこちの会社の新人研修、部課長研修、役員研修、セミナーや講演会などで十数年間話してきた内容にもとづいています。一部を除いて、データは最新のものに差し替えました。

　研修、セミナー、講演会が終わると何人かの参加者のかたが筆者のところに質問に来ます。そのとき「先生、今日、お話しいただいた内容を書いた本はないんですか」と質問を受けることがよくあります。そのたびに「ないんですよ。自分で書けばいいんですけどね」と答えてきました。「先生、その本すぐに書いてください。買いますよ」と言われることもありました。筆者としては、この本を書いたことで、長年の宿題を終えた気分です。

　筆者が登壇した研修、セミナー、講演会の参加者の多くは、会計・経理の専門家ではなくて、得意先の決算書を読み解こうとする営業のかたや、自部門の状況を理解しようとする部門責任者のかたなどでした。この本も、会計専門家以外の企業人をターゲットとしています。

　よって、内容はグッと絞ってあります。具体的には、第1章で「図の描き方」とBS・PLの項目を説明し、第2章で総資産回転率の説明をし、第3章で回収サイト、支払サイト、キャッシュ・コンバージョン・サイクルの説明をしました。第4章で、ROS、ROE、ROA、RNOAなどの利益率を説明し、デュポン・モデルと上級デュポン・モデルの解説をします。第5章では信用リ

スクを分析するために流動比率、当座比率、インタレスト・カバレッジ・レシオ、固定比率、固定長期適合率を説明しました。いずれも経営分析の入門的な内容です。ツールの意味を説明するだけなら半日もかかりません。

ただ、あるツールを知っているということと、そのツールを使うメリット・デメリット、有効性と限界をしっかり理解して自由に振りまわせるということのあいだにはかなりの距離があります。総資産回転率というアイディア1つ取り上げても、その意味を「肚落ち」するまでじっくり説明するために第2章を丸々使う必要がありました。

実際の決算書をながめるとすぐにわかるとおり、どの会社もその会社特有の事情を抱えており、聞いたことがない項目や判断に迷う項目が目白押しです。そのとき、何を分析しようとしているのか目的をはっきりさせ、そのツールの意味を考えて、その目的にあった数字を計算しなければなりません。ツールを多数使えるようになることよりも少数の選び抜かれたツールを自由自在に振りまわせるようになることのほうが重要です。

世の中には証券アナリストという経営分析のプロがいます。それぞれのアナリストが磨き上げたツールを使って深い分析を示してくれます。しかし、この本は、そこまでの水準は目指していません。一流レストランのシェフでない普通の人も、自宅で毎日料理をします。同じように、経営分析の専門家でない普通の企業人が、自分の仕事の役に立たせるため、自分でやる経営分析もあるはずです。そうした自分用の経営分析のレシピを示そうというのが、この本を書いた目的でした。読者のかたが、

決算書をダウンロードして分析してみようかなという気になったとしたら、この本の目的は達成されたことになります。

 2018 年 1 月 25 日　浜田山にて

太田康広

ビジネススクールで教える経営分析　目次

まえがき 3

第1章 ひと目でわかるように　11

1　**図の描き方** 12
　決算書は読みにくい 12
　決算書を図にしよう 14
　どんな図にしたらいいか？ 16
　NTTドコモの決算書 20

2　**キリンとアサヒ** 24
　連結財務諸表と持株会社解禁 24
　M&Aと減損損失 25
　のれんとM&A 27
　未払酒税 30

3　**決算書はどこで手に入れるか** 33
　決算短信と有価証券報告書 33
　EDINETとEDGAR 34

4　**項目を組み替える** 36
　流動固定分類 36
　資産負債の細分類 38
　PLの構成 44

第2章 ビジネスのスピード 47

1　どっちが大きい？ 48
2　普通の決算書とビジネスのスピード 53
3　大きなPL 57
　　総資産回転率ランキング 57
　　携帯ショップ・ティーガイア 58
　　海産物問屋・東都水産 60
　　チケットのぴあ 64
4　重いBS 67
　　東京電力ホールディングス 67
　　東京ガス 70
5　すごく小さなPL 73
　　何かモノを貸しているところ 73
　　森ビル 74
　　三菱UFJフィナンシャル・グループ 76
6　BSとPLの相対的な
　　大きさからわかること 78

第3章 キャッシュまでの距離 81

1　どれくらいで回収しているか 82
　　回収サイト 82
　　売上債権の譲渡と貸倒れ 84
　　島精機製作所 86
2　どれくらい先に回収しているか 88
　　前受サイト 88

TAC 90

3　どれくらいで支払っているか 91

　　支払サイト 91
　　ファミリーマート 94

4　どれくらい先に払っているか 96

　　前払サイト 96
　　テクマトリックス 96

5　おカネを払っておカネに戻るまで 98

　　キャッシュ・コンバージョン・サイクル 98
　　アップル 99

第4章 利幅とスピードと借金の力　107

1　売上高利益率（ROS） 108
2　投下資本利益率（ROI） 109
3　PLの構造 112

　　営業損益計算 112
　　経常損益計算 114
　　純損益計算 115
　　親会社株主利益と非支配株主利益 115
　　包括利益の計算 117

4　6つの資本概念 120

　　資本の種類 120
　　資本金 120
　　拠出資本 121
　　株主資本 122
　　総資本、他人資本と自己資本 125
　　東証の「自己資本」 127

純資産 128

5 　株主資本利益率（ROE）129

　　　普通のROE 129
　　　東証方式のROE 130

6 　総資産利益率（ROA）133

　　　普通のROA 133
　　　東証方式のROA 134
　　　EBITとNOPATとROA 137
　　　ROAとレバレッジ 139

7 　デュポン展開 142

　　　ROEの要素分解 142
　　　ファナックのデュポン展開 144
　　　デュポン・モデルの限界 147

8 　上級デュポン展開 149

　　　エンタプライズ法とエクイティ法 149
　　　純事業資産利益率（RNOA）152
　　　上級デュポン・モデル 155
　　　ファナックの上級デュポン展開 157

第5章 この会社、カネ貸して大丈夫か？ 161

1 　キャッシュが王様 162

　　　誰がBSを読むのか？ 162
　　　会社はいつ倒産するのか？ 163
　　　波瀾万丈のゲーム業界 163
　　　任天堂のキャッシュ 167
　　　スカイマークの倒産 171
　　　倒産しなさそうな会社の見分け方 174

2　フローの指標 179
インタレスト・カバレッジ・レシオ 179
キャッシュ・フロー・インタレスト・
カバレッジ・レシオ 183
EBITDAインタレスト・カバレッジ・レシオ 186

3　BSの左と右をそろえる 188
長期は長期 188
固定比率 189
固定長期適合率 190

4　東京電力の震災後決算 191
震災と原発事故 191
東京電力の決算書 191
東京電力のPL 193
繰延税金資産の追い打ち効果 193
決算書の変化 195
メガ・バンクの緊急融資 196
原発停止と燃料費増加 198
債券格付けの低下と社債の償還 200
長期のものを短期で 201

索引 203

第1章 ひと目でわかるように

1 図の描き方

決算書は読みにくい

　会社の決算書は大変に読みにくいものです。決算書は、左側に、現金預金、売上債権などの項目が書いてあって、その右側に金額が書いてあります。項目の名前にも耳慣れないものが多くあります。例として、NTTドコモの決算書の一部を表1-1に掲げます。

　決算書が読みにくいのは、まず、数字がたくさん出てくるからです。実は、数字というのは情報量が大変に多く、数字を読むときには、目から頭へ大量の情報が流れ込んでくるので、ずっと見ていると疲れます。

　それに小さな桁の数字まで書かれすぎています。資産

表1-1　NTTドコモ 2017年3月期の連結貸借対照表の一部

1【連結財務諸表等】
　（1）【連結財務諸表】
　　①【連結貸借対照表】

区分	注記番号	前連結会計年度 2016年3月31日 金額（百万円）	当連結会計年度 2017年3月31日 金額（百万円）
（資産）			
I 流動資産			
1　現金及び現金同等物	※3、4、15	354,437	289,610
2　短期投資	※3		
非関連当事者		5,872	41,070
関連当事者	※15	—	260,000
3　売上債権			
非関連当事者		230,125	230,361
関連当事者	※15	6,915	8,776
4　売却目的債権	※3、20	972,851	936,748
5　クレジット未収債権	※22	276,492	347,557

合計7.5兆円、営業収益4.6兆円の会社の決算書ですから、ほとんどの人にとって、小さな桁の数字には意味がありません。たとえば「現金及び現金同等物」は2,896億1,000万円ですが、これが、2,896億1,100万円だったら、皆さんの意思決定に影響しましょうか。適当に丸めて2,900億円程度と考えれば、情報量が減ってだいぶ読みやすくなります。この本では、上から2桁に丸めることにします。丸めの誤差は気にしないことにしましょう。

　決算書の数字が3桁区切りなのも読みにくい理由の1つです。これは、英語などのヨーロッパ系の言語に合わせたものです。日本語などのアジアの言語の多くは、万・億・兆・京・垓と4桁ずつ名前が変わりますから、3桁ずつ区切られると、千・百万・十億とズレていって、かなり読みにくい。幸い、「兆」の単位は、3桁区切りと4桁区切りが一致しますが、それ以外の桁の数字を読むのには慣れが必要です。

　決算書が、1項目1行のかたちになっているのも読みにくい理由の1つです。1項目1行になっていると、項目ごとに占める面積が同じなので、ついつい同じように注意を払ってしまいます。たとえば、「売上債権」「関連当事者」と書いてあるのは、NTTグループの会社へ販売した額のうち代金未回収のものです。これが約88億円あります。一方、「売却目的債権」は9,400億円もあります。「売上債権」「関連当事者」の項目も、「売却目的債権」の項目も同じように1項目1行の形式なので、同じように注意を払ってしまいがちです。

　しかし、普通、金額の小さいものより、金額の大きいものが重要です。9,400億円は、88億円の約110倍で

すから、ついうっかり流動資産の「売上債権」「関連当事者」を1秒ながめてしまったのであれば、「売却目的債権」を110秒、つまり1分50秒、じっとながめないとバランスが取れないことになります。

現実には、「売却目的債権」の項目を、ただじっと1分50秒ながめる人はいないでしょう。これでは、金額が小さくどうでもいい項目にたっぷりと注意を払い、金額が大きく重要な項目に、十分に注意を払っていないことになってしまいます。

決算書を図にしよう

ここで、NTTドコモの決算書を取り上げたのは、この決算書がとくに読みにくいからではありません。たんに、NTTドコモが多くの人に馴染みがあって、人気のある会社だからです。ほかの会社の決算書も同じように読みにくい。

このように、決算書というものは、ながめていてワクワクするようなものではありません。また、数字をじっとながめて、その会社の具体的な戦略やビジネス・モデルを読み取ったり、その会社の財務上の弱点を見抜いたりするのには、かなりの慣れと経験が必要です。

そこで、決算書をどう読むかのノウハウをまとめた経営分析という分野ができてきました。書店で経営分析のテキストを手にとってパラパラとめくってみてください。たぶん、いろいろな分数が載っていることでしょう。いわく、○○○○率、○○○○レシオ、○○○○期間など、いろいろな指標が紹介されているはずです。

しかし、この本では、こういった財務比率の計算に先

立って「図を描くこと」を勧めます。図を描けば、その会社の財務体質やビジネス・モデルの全体像がつかめますし、記憶にも残りやすい。いろいろな会社の決算書の数字を暗記しておくことは大変難しいのですが、いろいろな会社の財務体質やビジネス・モデルのイメージを記憶しておくことはそれほど難しくはありません。「あの会社、原価率がすごく低くて、ものすごい営業利益率だった」とか、「この会社、さすがインフラ系だけあって有形固定資産が多い」といったイメージは、図にすると鮮明に記憶に残ります。

また、決算書を前にして、いつも同じように十種類以上の財務比率を計算する人がいますが、実際には、いつもそんなに多くの財務比率を計算する必要はありません。自分の知りたい部分を深掘りするために利用すればいいのです。その「知りたい部分」「気になる部分」を見つけるためにも、図を描いて全体像をつかむことが有効です。

いくつも決算書の図を描いていくと「メーカーは普通はこんな感じ」「小売りだとこんな感じ」といったイメージが湧いてきます。新しく決算書の図を描いたとき、自分の中のイメージと比較して、「この会社、メーカーなのに、何だ、この比率は！」とか、「こんな原価率でこんなに儲けているとは！　どんなビジネス・モデルなんだろう？」といった疑問が湧いてくるようになればシメたものです。その疑問に答えを見つけるために、いろいろな財務比率を計算したり、新聞や雑誌から情報を集めてくるようになります。ここまでくれば、決算書をながめて図を描いて、ああかな、こうかなとワクワクしな

がら分析できるようになるはずです。そして、実際のビジネスに役立てることができるようになります。

どんな図にしたらいいか?

ダイエットしている人の中には、毎日、体重と体脂肪率を測って、スマホのアプリやExcelのファイルに記録している人も多いと思います。体重や体脂肪率が少しずつ下がっていくと、ダイエットがうまくいっている気がして嬉しい。逆に、飲み会の翌日など、体重も体脂肪率も跳ね上がっていると「これはまずい」と思い、その日は食べる量を減らしたりします。

しかし、体重は、水を飲んだだけで増えますし、動きまわって汗をかいたりすると減ります。体重を測る時間帯によっても変わってきます。数百グラムのことであれば、ちょっとしたことで変わってしまうので、数字だけ見ていると、全体として減りつつあるのか増えつつあるのかイメージが湧きにくい。

こういう日々のデータ(時系列データ)を見やすくするには、普通は、折れ線グラフを使います。たとえば、表 1-2 のデータは図 1-1 のグラフに表わすだけでかなり見やすくなりましょう。時間とともに変化するデータをグラフにするときは折れ線グラフが定番です。実際、ダイエット専用のスマホ・アプリであれば、まず間違いなく折れ線グラフを描く機能がついています。

表 1-2 体重の時系列データ

日付	1	2	3	4	5	6	7	8	9	10
体重	76.4	75.9	76.3	77.0	76.8	77.1	76.6	76.7	76.2	76.3

図1-1 体重の折れ線グラフ

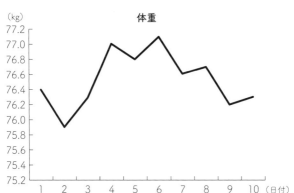

一方、全体のパイの中のシェアを示すときは円グラフまたは帯グラフが普通です。ある業界で4社が競争していて、A社のシェアが52％、B社のシェアが23％、C社のシェアが16％、D社のシェアが9％の場合、これを円グラフに表わすと、図1-2のようになり

図1-2 市場シェアの円グラフ

ます。図を描くとかなり見やすくなるのがわかります。

また、たとえば、ある小学校のあるクラスの男子生徒の身長のデータがあれば、生徒の名前順に身長データをプロットするのではなく、125cm より小さい子は何人、125cm 以上 130cm 未満の子は何人、130cm 以上 135cm 未満の子は何人という具合いに、適当にカテゴリーに分けて人数を数え、各カテゴリーに入る人数を縦軸にとったヒストグラムと呼ばれる特殊な棒グラフにまとめます。ヒストグラムでは、棒グラフの棒同士をくっつけて描きます（図 1-3）。

ここでのポイントは、見える化の方法には、データの性質に合わせたやり方があるということです。時系列データは折れ線グラフ、シェアのデータは円グラフまたは帯グラフ、数値が連続した多数のデータならヒストグラムが適切です。このほかにもデータの性質に合わせた見える化の方法があります。

図 1-3 身長のヒストグラム

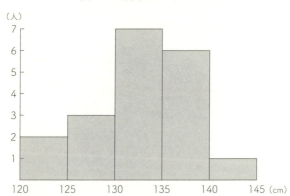

それでは、決算書はどのように見える化すべきでしょうか。「現金及び現金同等物」「短期投資」「売上債権」と順に折れ線グラフにするのはあまり意味がありません。ある項目から別の項目に移るのは変化ではないからです。

　次に、項目ごとに資産全体に対する割合を計算して円グラフにするのはどうでしょうか。これは、資産の内部の構成を示すという意味があります。同じように、売上原価などの費用項目の売上高に対する割合を計算して円グラフにすることも可能です。実際、国の歳入や歳出の割合が円グラフになっているのをよく見掛けます。

　しかし、円グラフでは、全体に占める割合はわかりやすく示されるものの、全体のパイである資産合計や売上高の大きさがわからなくなってしまいます。やはり、全体の大きさもわかったほうがよさそうです。

　ここでは、慶應義塾大学ビジネス・スクールで伝統的に使われてきている方法を紹介します。考え方は簡単で、金額に比例した面積を割り当てて図を描くというだけです。これによって、金額の大きなものは大きく描かれることになり、金額の小さなものは小さく描かれるか無視されることになります。

　たとえば、売上げを基準にして描く場合、現金等が売上げの15％であれば、その比率を保ったまま図にします。売上げを縦10センチで描くなら、現金等は1.5センチで描きます。横幅は、適当で構いませんが、4センチ程度が美しいように思います。図を見たときに美しいと感じる横幅で構いません。資産が大きく、売上げが小さい会社の場合は、資産合計を10センチとすることも

あります（この本では、図を作り直しているので、縮尺が変わっています）。

ただし、小さな金額の項目は、面積が狭すぎて、描き込めなくなります。1つの基準として、売上げや資産の5％未満は無視することを勧めます。普通は金額の大きいものが重要です。

もちろん、金額の小さな項目は何でも無視していいわけではありません。たとえば、支払利息などの利子費用は、低金利時代には金額は小さくなります。しかし、利子費用と有利子負債の金額の比率を取ることで調達金利を知ることができます。これは金額が小さくても重要な項目の一例です。

精密に金額と面積が比例した図を描くにはかなりの時間が必要でしょう。しかし、多くの場合、財務体質が大雑把にわかればいいので、目分量で手早く描くだけで十分です。筆者は、目分量よりは少しだけ精密を期すために、方眼紙を束ねたA4のプロジェクト・ペーパーを持っていて、その上に、定規と製図用のシャープ・ペンシルと消しゴムを使ってザッと描いてしまいます。SPEEDAのようなサイトや市販のソフトウェアもありますし、図を描くようにExcelのマクロを組むこともできますが、現在のところは、まだまだ、手描きが一番早く描け、細かいところの微調整ができるようです。とくに、あとで述べるように項目の組替えをするとなると手描きが早いと思います。

NTTドコモの決算書

具体的なイメージをつかむために、NTTドコモの決

算書(連結財務諸表)の金額と面積が比例した図を示します(図1-4)。(便宜上、「現金等」に「市場性のある有価証券及びその他の投資」2,000億円を足し込んであります)

ここで、**BS**(ビー・エス)というのは、**貸借対照表**のことです(ここでは、連結貸借対照表を取り上げています)。貸借対照表は、資産・負債・純資産といった財産の一覧表です。もともと法律用語なので、意味がわかりにくいのですが、「貸している」とか「借りている」という意味はありません。簿記上、「貸方」は右、「借方」は左を意味するので、貸借対照表とは、右と左に財産を書いて見比べる表ということです。貸借対照表は英語で「バランス・シート」というので、その頭文字をとって、日本では、普通、BSと呼びます。**国際財務報告基準**(IFRS)を採用している会社では、貸借対照表のこ

図1-4 NTTドコモ・2017年3月期

とを**財政状態計算書**と呼ぶこともあります。この本ではBSで統一します。

一方、**PL**（ピー・エル）というのは、**損益計算書**のことです（ここでは、連結損益計算書を取り上げています）。損益計算書は、その期間の売上げから売上原価や販管費などを引いて営業利益などの利益を計算する書類です。損益計算書は英語で、昔、「プロフィット・アンド・ロス」といっていたので、その頭文字を取って、日本ではPLというのが普通です。本当は、営業利益よりも下に項目が続くのですが、さしあたり、営業活動に集中するため、営業利益で止めておきます。

ここで、気になるのは、携帯電話・スマートフォンなどの端末販売は赤字だという点です。7,200億円の端末販売に7,900億円の端末原価ですから、700億円の原価割れです。さらに、10年くらい前には、いわゆる1円端末が売られていて、この場合は、端末原価はほとんど丸々損でした。

その代わり、通信サービスの利益率は素晴らしい。無線通信サービス3.0兆円に対して、サービス原価1.3兆円ほどで、1.6兆円を超える粗利益が出ています。半分以上が粗利です。

このように、最初の導入部分で安値販売し、顧客を囲い込んだ上で、そのあとの料金で利益を稼ぐビジネス・モデルは、**ジレット・モデル**と呼ばれます。もともと、ジレット・モデルは、カミソリを製造・販売しているジレットという会社のビジネス・モデルとして有名でした。よって、カミソリ替え刃モデルともいいます。

ジレットのカミソリは、カミソリ本体はわりに安いの

ですが、このカミソリ本体には替え刃が1つしかついていません。そして、ある程度、カミソリを使って、切れ味が悪くなったときに、替え刃を買おうとすると替え刃はわりに高いのです。

これと同様に、カミソリ本体で稼ごうとせず、替え刃などの消耗品で稼ぐビジネス・モデルをジレット・モデルといいます（同じように消耗品で稼ぐスタイルの製品に、インク・ジェット・プリンタがあります）。

以前は、携帯の端末自体は安く売られていても、ある携帯電話会社で買った端末はその携帯電話会社でしか使えませんでした。その会社のSIMカードしか認識しないような機能制限、いわゆるSIMロックがかかっていたからです。数年前に、SIMロック解除が義務化されたので、一定期間が経過すれば、SIMロックを解除できるようになりました。しかしながら、現在でもSIMロックが解除できない期間があることで、一定の顧客つなぎとめ効果はあるでしょう。

また、SIMロックだけでなく、いわゆる2年縛りなど、一定の解約手数料を払わないと契約を解除して他社に乗り換えることができないような仕組みが普及しています。

したがって、NTTドコモとしては、端末を原価割れで販売したとしても、そのあと、素晴らしい粗利益を稼ぐ通信サービスをたっぷり利用してもらうかぎりにおいて、最終的にはきちんと利益につながっているのです。NTTドコモの決算書を図式化してながめると、携帯電話業界のビジネス・モデルが見えてきます。

もっとも、携帯電話業界は、かつてほど激しいジレッ

ト・モデルではなくなりました。端末の値段は上がってきています。また、通信サービスのサービス原価率も以前ほど低いわけではありません。これは、パケホーダイなどの定額サービスの普及により、いわゆるパケ代(パケット通信料)に上限が出てきたからです。NTTドコモの1契約あたりの月間平均収入(ARPU)は、4,500円以下にまで落ちてきました。

最近は、スマートフォンによる動画視聴が増えるにつれ、データ通信量が増え、1ヶ月の通信料に制限をつけるようになりました。データ通信量が上限に達したとき、追加のデータ通信をするためにユーザーが追加料金を払うようになり、ふたたび、従量制へと近づいてきています。また、MVNOと呼ばれる業者が販売する格安SIMが出てきたので、大手キャリアのあいだでも値下げ競争が始まりました。今後も、ユーザーのスマホの使い方が変わるとそれに応じて、料金体系が手直しされていくことでしょう。

2 キリンとアサヒ

連結財務諸表と持株会社解禁

次に、ビール業界の同業他社比較で、キリンホールディングスとアサヒグループホールディングスの決算書を見ます。ここで、ホールディングスとは**持株会社**のことで、両社とも実際のビジネスは、麒麟麦酒(キリンビール)やアサヒビールといった子会社でやっています。

実は、20世紀までは、決算書(財務諸表)というと、それぞれの会社ごとに作る**個別財務諸表**を指すのが普通でした。しかし、1997年に、それまで禁止されて

いた**純粋持株会社**の設立が解禁されると、持株会社が徐々に増えていきます。事業活動をまったく行なわない純粋持株会社の場合、個別財務諸表にほとんど意味がありません。キリンホールディングスも、事業収入31億円ほどの不動産事業があるだけなので、純粋持株会社に近い存在です。

皆さんは、キリンビールが載っていないキリンホールディングスの個別財務諸表に興味が湧くでしょうか。キリンホールディングスの個別BS上、総資産1.7兆円のうち、1.4兆円は関係会社の株式です。また、個別PL上、営業収益780億円のうち、740億円が関係会社配当金収入です。キリンホールディングスは、基本的には、グループ運営をし、関係会社の株式を保有し配当を受け取っているだけの会社です。

やはり、キリンホールディングスのビジネスの全体像をつかむためには、企業グループ全体の財務体質や業績が載った**連結財務諸表**を見るのが適切です。これは、企業グループのトップ(親会社)が持株会社になっていない企業グループでも同じです。21世紀においては、連結財務諸表が基本と憶えてください。以下、とくに断わらないかぎり、BSは連結貸借対照表、PLは連結損益計算書を指します。

M&Aと減損損失

それでは、キリンホールディングスとアサヒグループホールディングスの決算書を図式化しましょう(図1-5, 1-6)。

キリンとアサヒの決算書を見てすぐに気がつくこと

図 1-5　キリンホールディングス・2016 年 12 月期

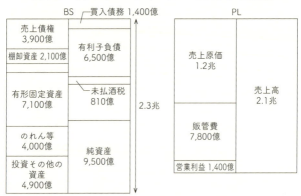

図 1-6　アサヒグループホールディングス・2016 年 12 月期

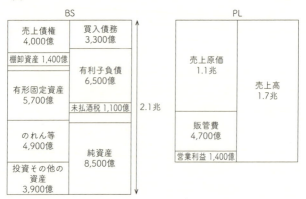

　は、さすが同業種だけあって、2 社の決算書はよく似ているということです。同じような図が 2 つ出てくるとついつい違いにばかり目が行きがちですが、同業だからよく似ているという点にも注目しておきましょう。

しいて違いを探すなら、キリンの買入債務が1,400億円とかなり小さいのに対し、アサヒの買入債務が3,300億円とかなり大きいという点が挙げられます。

のれんとM&A

どちらのBSにも「売上債権」「棚卸資産」「有形固定資産」「投資その他の資産」のほかに「のれん等」という項目がかなりの金額になっていることがわかります。ここで、**のれん**というのは、よその会社を、その会社の「モノとしての価値」よりも高い値段を払って買ったときの差額です。もともと、「のれん」は、お店の出入り口にぶら下がっている間仕切りの布を意味しますが、そこに店の名前(屋号)のロゴが描いてあることから、その店の社会的信用や評判、ブランドなどを表わす比喩として使われます。お店の番頭さんなどが独立するときには、同じ屋号を名乗ってよいということで「のれん分け」をすることがありました。

このように、昔から「のれん」は、モノに還元できない無形の信用、評判、ノウハウなどを意味していました。これが転じて、会計の世界では、モノに還元できない会社の価値のことを「のれん」といいます。

一般に、のれんが多いということは、**M&A**(企業買収・合併)に積極的だろうと想像できます。もちろん、のれんが大きいからといってM&Aの件数が多いとか、買収総額が多いとかはいえませんが、モノに還元できないビジネスの価値を高く評価したM&Aを実施したとはいえます。

よその会社を買収しようとするときは、**デュー・ディ**

リジェンス**と呼ばれる資産調査をします。デュー・ディリジェンスは、もともとは、M&A などの重要な意思決定をする前に経営者が当然にやってしかるべき手続きのことですが、これが転じて、M&A 前の資産調査を意味するようになりました。デュー・ディリジェンスでは、資産時価や負債時価を徹底的に調べ、この会社は、モノとしてはいくらの価値があるのかと弾き出します。このとき、モノに割り当てられない金額も、ブランド、知的財産権など、特定できるものはできるだけ無形資産（無形固定資産）に割り当てようとします。つまり、のれん以外の無形資産に割り当てられている金額の中にも実質的にのれんと変わらないものがあるということです。

　もちろん、のれん以外の無形資産の中には M&A と無関係の無形資産もあります。ただ、のれんが大きい BS の無形資産は実質的にはのれんに近いのではないかと考えて、ここでは「のれん等」とまとめました。のれん等の金額は、キリンが 4,000 億円、アサヒが 4,900 億円です。アサヒのほうがキリンよりも大きい。

　しかし、実は、かつて、キリンののれん等は大きく、アサヒののれん等は小さかったのです。キリンの 2014 年 12 月期は、BS が 3.0 兆円に対して、PL が 2.2 兆円とだいぶ BS のほうが大きい状態でした。その理由は、のれん等が 8,500 億円もあったためです。これが、BS 全体の大きさを嵩上げしていました。

　キリンホールディングスは、2007 年に麒麟麦酒が持株会社化してキリンホールディングスになって以来、積極的な M&A に打って出ました。オーストラリアのナショナルフーズ社を買収したり、フィリピンのサンミゲ

ル・ブリュワリー社に出資したり、ブラジルのスキンカリオール社を完全子会社化したりするなど、積極的な買収・投資活動を展開してきました。その結果が 8,500 億円ものれん等となって BS に現われていたのです。

キリンホールディングスがブラジルのスキンカリオール社を約 3,000 億円で買収した 2011 年当時、ブラジル経済は急成長を遂げていました。また、ブラジルは、中国、アメリカに次ぐ世界第 3 位のビール市場でもありました。

しかし、その後、ブラジル経済はレアル安や原油価格の暴落によって低迷していきます。2015 年 12 月期、キリンホールディングスは、ブラジル事業の失敗などにより、1,200 億円ほどの減損を認識します。新しい会計基準の適用の影響も含め、のれん等は 3,900 億円も減少しました。1949 年の上場以来、初の赤字を 470 億円ほど計上しています。2017 年、キリンホールディングスは、ブラジル事業をハイネケンに 770 億円で売却しました。

アサヒビールも 2011 年に持株会社制に移行し、アサヒグループホールディングスとなりました。持株会社制に移行したあと、東南アジアやオセアニアで盛んに海外企業の M&A をしています。

キリンは、有利子負債を背負い、巨額ののれんを計上しながら、積極的にクロス・ボーダーM&A（海外 M&A）に打って出て、高いリスクを取りました。あくまで結果論ですが、ブラジル事業では巨額の損失を出しました。アサヒは、持株会社化が 4 年遅れ、全世界展開・M&A 戦略で出遅れたという見方もできますが、より少ない有利子負債とのれんの組み合わせで、ミドルリスク・ミド

ルリターン路線を取ったという解釈も可能です。

キリンとアサヒは、持株会社化以降、かなり異なったM&A方針を採りましたが、キリンが巨額ののれんの減損損失を計上した結果、現在のBSはよく似ています。

未払酒税

キリンホールディングスの決算書の図で、モノサシとなっているのは、資産合計2.3兆円です。これを10センチと定めて、あとは資産合計に対する比率にもとづいて描いてあります（この本には縮小して描かれています）。いつもなら、モノサシとなる資産合計の5％未満の数字は無視するのですが、ここでは、**未払酒税**810億円に着目し、金額は小さいものの、図に描き込んであります。

酒税は、酒類に課される間接税で、酒類とはアルコール分1％以上の飲料のことです。酒税は、お酒を飲む人が負担しますが、お酒のメーカーが販売価格に含めて徴収し、メーカーが納税する間接税です。お酒の種類ごとに、税率が決まっていて、あとは工場からの出荷数量に応じて課税されます。

ここで、アサヒグループホールディングスの決算書を見ると、未払酒税は1,100億円程度です。キリンの売上高2.1兆円、アサヒの売上高1.7兆円で、キリンの売上高はアサヒの売上高よりも大きいのに、未払酒税は、キリンが810億円、アサヒが1,100億円と逆転します。キリンもアサヒも12月決算なので、タイミングの違いもありません。キリンのほうがアサヒよりも売上げが大きいのに、キリンよりアサヒのほうが未払酒税が多い。どうして、このような逆転現象が起きるのでしょうか。

この謎を解くには、製品ミックスの違いに注目する必要があります。キリンは総合酒類メーカーであるだけでなく、医薬品やバイオケミカル事業もやっています。「医薬・バイオケミカル」セグメントの売上高が3,400億円あり、これを除くと、1.7兆円のアサヒの売上高より少し大きいくらいになります。ここで**セグメント**というのは、売上げや利益などを報告する部門・単位のことです。

　実は、キリンは、2010年までは、事業の種類別セグメント情報を公開していました。2010年12月期ですと、酒類が1.1兆円、飲料・食品が6,400億円、医薬が2,100億円、その他が2,700億円、合計2.3兆円の売上げで、連結にあたっての調整をしたあとの連結売上高は2.2兆円でした。この割合があまり変わっていないとすれば、酒類の売上げは1.1兆円程度と推測できます。

　一方、アサヒは、報告セグメントを「酒類」「飲料」「食品」「国際」に分けています。国内は事業の種類別に分け、国外は一括して「国際」セグメントにするという、事業の種類別と所在地別をミックスしたセグメント分けです。このうち、「酒類」は売上高9,800億円、「国際」は売上高2,500億円です。「国際」セグメントの売上げのうちどれだけが酒類かわかりませんが、キリンの酒類売上げ1.1兆円と大きく違ってはいなさそうです。

　酒税は、酒類の出荷に関連して発生するので、酒類の売上げ・出荷がほぼ同額なのに、未払酒税がキリン810億円、アサヒ1,100億円と差があるとなると、酒類の内訳が違うと推測できます。両社とも日本市場の割合が大きいので、日本市場に集中して考えてみましょう。

日本の酒税の税率表を見ると、1キロリットル（1,000リットル）あたり、ビールは22万円、発泡酒は、麦芽比率25％以上50％未満のものが17万8,125円、麦芽比率25％未満のものが13万4,250円、その他のビール類（新ジャンル）が8万円、ウイスキー・ブランデー・スピリッツが37万円以上、粉末酒39万円などとなっています。1キロリットルあたりの金額でいえば、ウイスキー・ブランデー・スピリッツや粉末酒のほうが税率が高いのですが、アルコール濃度が違うので、消費量はビール類が大きいはずです。そこで、ビール類の内訳が気になるところです。

　ビール業界は、定期的にビール類の課税出荷数量を公表しています。2016年1月から12月の期間では、概数で、キリンは、ビール5,100万ケース、発泡酒3,700万ケース、新ジャンル4,600万ケースで、合計1.3億ケースです。同じ期間にアサヒは、ビール1.0億ケース、発泡酒1,500万ケース、新ジャンル4,300万ケースで、合計1.6億ケースです。出荷ケース数でアサヒが約2,700万ケース多く、ビールに限ってはアサヒはキリンのほぼ倍です。

　ブランドごとに詳しく見ると、キリンは「一番搾り」が3,500万ケース、「淡麗」が3,700万ケース、「のどごし」が4,300万ケースの出荷数ですが、アサヒは「スーパードライ」が1.0億ケース、「スタイルフリー」が1,300万ケース、「クリアアサヒ」が3,500万ケースの出荷です。アサヒのビール依存度の高さ、とくに「スーパードライ」1品目への依存度の高さが目に付きます。「スーパードライ」はビールであり、税率は1キロリッ

トルあたり22万円です。キリンよりアサヒのほうが売上高が小さいのに、未払酒税はキリンよりアサヒのほうが大きいという謎は、これでかなりの部分、解明されたといってよさそうです。

3　決算書はどこで手に入れるか

決算短信と有価証券報告書

以上の、キリンとアサヒの比較を見て、早速、決算書を手に入れて、金額と面積を比例させた図を描きたくなった人もいらっしゃるかもしれません。それでは、いったいどこへ行けば決算書は手に入るのでしょうか。

上場企業の場合、決算書が載っている書類には2つのものがあります。**決算短信**と**有価証券報告書**です。有価証券報告書は「有報(ゆうほう)」と略すこともあります。

また、近年は、3ヶ月ごとに四半期決算を行なうようになりました。四半期決算で、決算短信と有価証券報告書に対応するものをそれぞれ、**四半期決算短信**と**四半期報告書**といいます。

決算短信は、株式を証券取引所に上場している会社が、証券取引所のルールにしたがい、決算発表時に作成・提出する速報です。年次決算は45日以内、できれば30日以内が望ましいとされています。

一方、有価証券報告書は、金融商品取引法に規定される書類で、決算後3ヶ月以内に金融庁に提出しないといけません。四半期報告書も、金融商品取引法に規定される書類で、四半期末後、45日以内に提出することとなっています。

基本的に「**スピードの短信、詳しさの有報**」と憶えま

しょう。有価証券報告書は、短信が出てだいぶ経ってから開示される書類なので、ある種の「古文書」であって実務上のインパクトはないと揶揄されることがあります。速報性、スピードなら、圧倒的に決算短信です。

しかし、有価証券報告書・四半期報告書にしか載っていない情報もいろいろとあります。情報の詳しさでいえば、決算短信・四半期決算短信は、有価証券報告書・四半期報告書にかないません。とくに、1年に1回の有価証券報告書の情報は詳細で、A4で100ページ以上になることも珍しくありません。手許に有価証券報告書があるのに、決算短信を見る理由はあまりありません。それに有価証券報告書の財務諸表は公認会計士や監査法人の監査を、四半期報告書の財務諸表は四半期レビューを受けています。よって、直近の有価証券報告書・四半期報告書があれば有価証券報告書・四半期報告書を、決算短信・四半期決算短信しかなければ決算短信・四半期決算短信を見ることにしましょう。

EDINETとEDGAR

決算短信・四半期決算短信は**東証上場会社情報サービス**で、有価証券報告書・四半期報告書は金融庁の運営する**EDINET**で手に入れることができます。

- 東証上場会社情報サービス
  http://www2.tse.or.jp/tseHpFront/JJK010020Action.do
- EDINET　http://disclosure.edinet-fsa.go.jp/

ここでは、一応、URLを掲げましたが、実際には

URL を直接打ち込むより Google などの検索エンジンで、「東証上場会社情報サービス」「EDINET」と検索したほうが早いはずです。

　有価証券報告書の場合、フォーマットも決まっています。「第一部 企業情報」「第 5 経理の状況」以下に連結財務諸表が並びます。四半期報告書の場合は、「第一部 企業情報」「第 4 経理の状況」です。

　EDINET での有価証券報告書の形式は、画面表示、PDF、XBRL などを選べます（**XBRL** というのは、XML をベースにした、財務報告に特化したマークアップ言語です）。画面表示であれば、決算書に対して「コピペが効く」ことを憶えておきましょう。ここで「コピペが効く」というのは、決算書の左上から右下までドラッグして、コピーしたあと、Excel へもっていってペーストすると、各数字が各セルにズバッと入るということです。これによって、印刷した決算書をながめながら、Excel に数字を打ち込む作業が不要になりました。ネット接続があれば「あの会社の決算書をながめてみよう」と思い立ってから 2 分くらいで分析し始めることができます。

　最近は、企業間競争はグローバルに展開されていますから、外国企業の決算書が読みたくなるケースもあります。アメリカの場合、証券取引委員会（SEC）のサイトにある **EDGAR** というデータベースで入手できます。カナダは SEDAR です。

- EDGAR　http://www.sec.gov/edgar.shtml
- SEDAR　http://www.sedar.com

現在までのところ、ヨーロッパ企業の決算書を1箇所にまとめたデータベースはないようです。それぞれの会社が上場している証券取引所のサイトをチェックしてください。中国も同様です。

　もっとも、決算書を EDINET などで探すより、その会社のウェブサイトをチェックしたほうが早いかもしれません。たいていの場合、「IR 情報」や「株主・投資家の皆様へ」といった名前のページが用意してあり、そこで過去の決算短信や有価証券報告書が開示してあります。ディスクロージャーに積極的な会社であれば、中期経営計画などの将来計画や、決算発表時のスライドや動画、そのほかの公表資料があったりして便利です。

　過去には、法律や制度上要求されている最低限の情報しか開示せず、しばらくのあいだ、ウェブサイトを閉鎖してしまった会社もありました。会社の投資家情報のページの充実具合から、その会社がディスクロージャーにどれくらい積極的なのか、株主をどれくらい大切にしているのかを推し量ることができます。

4　項目を組み替える

　この節の内容は、多少テクニカルなので、ザッと斜め読みするか、興味が湧かなければ次の章へ進んでください。重要な言葉はゴシックにして索引が付けてあります。先に進んで言葉の意味がわからなくなったときに、索引を利用して、ここに戻ってくれば十分です。

流動固定分類

　実は、NTT ドコモの決算書の図も、キリンホールデ

ィングスやアサヒグループホールディングスの決算書の図も、決算書の項目をそのまま載せているわけではありません。ビジネスの実態をよりわかりやすく示すように組み替えて載せています。

とくにBSの分類は組替えをしないと不十分です。通常、**資産**の部、**負債**の部、**純資産**の部の3つに分かれたあと、資産の部は、**流動資産**と**固定資産**に、負債の部は、**流動負債**と**固定負債**とに分かれます。そこで、流動資産、固定資産、流動負債、固定負債、純資産の5つに分けたBSの図をよく見掛けます（図1-7）。

しかし、これではあまりに情報量が少なすぎます。

流動資産といっても、すぐに支払いに充てられる現金や預金のようなものや、比較的短期間に回収できる売掛金のような売上債権、商品・製品などの在庫品など、さまざまなものがあります。これらをすべて流動資産という項目にまとめては多くの情報がもれてしまいます。

図1-7　流動固定分類の図

固定資産も、土地や建物、生産設備のような有形固定資産と、のれんや知的財産権のような無形固定資産、関連会社投資や投資有価証券のような投資その他の資産など、性質の異なったものがあります。これらをすべて固定資産としては、読み取れる情報も読み取れなくなってしまいましょう。

ここは、もう一段、踏み込んで分類しましょう。現金等、売上債権、棚卸資産、有形固定資産、無形固定資産、投資その他の資産、買入債務、有利子負債といった分類です（図1-8）。

資産負債の細分類
〈資産の項目〉
まずは、現金、預金、定期預金、現金同等物など、現金預金によく似た名前のついているものを**現金等**とまとめます。このほか、短期投資や有価証券といった短期運

図1-8 細分化した図

用している金融商品もすぐに支払手段に充てられますから、現金等に含めてしまいます。

　また、ややテクニカルですが、固定資産の投資その他の資産に、償還満期まで保有する予定の債券（国債、地方債、社債などの公社債）がある場合、形式的には長期投資であっても、実態は現金等と同じキャッシュという場合がありますから注意しましょう。多額のキャッシュを持っていて、その一部を国債で運用しており、現金預金残高に余裕があるため、満期まで持つ予定というだけで、実態は余資運用（余った資金の運用）というケースがあるからです。この場合は、投資とはいっても、関連会社投資や持合株式のようなすぐには売れない投資勘定とはかなり性格が異なります。取引先の社債を保有することで、その会社との取引上、有利になることはあるかもしれませんが、国債や地方債を保有していても、そのような営業上のメリットはありません。思い切って、現金等に含めるか、そのすぐ下に別に項目を立てて並べてしまうのが一案です。

　次に**売上債権**です。これは、売掛金と受取手形をまとめたものです。売掛金というのは、商品・製品を代金後払いで（掛けで・ツケで）売ったとき、まだ回収していない代金のことをいいます。受取手形は、この代金を手形のかたちで回収したものです。どちらも、掛けで売った結果生じた金銭債権ですから、売掛債権ということもあります。同じように、掛けで仕入れた物品の未支払いの代金が買掛金・支払手形です。これも**買入債務**、買掛債務、または仕入債務としてまとめます。

　棚卸資産は、商品、製品、原材料、消耗品などの在庫

のことです。**棚卸し**というのは、在庫の数量を確認することを意味します。たぶん、在庫を棚からおろして、数を勘定していたので棚卸しというのでしょう。原材料などを、製造プロセスに投入すると**仕掛品**（しかかりひん）と名前が変わります。また、作っている途中でも販売できる仕掛品のことを**半製品**といいます。これら仕掛品・半製品も棚卸資産に分類されます。このほか、一部、事務用消耗品なども棚卸資産に計上されることがありますが、棚卸資産は、基本的に販売目的のモノです。売上高や売上原価と比較することで、どれくらい在庫が回転しているかを確認することができます。

有形固定資産は、長期間保有・使用する資産のうち、かたちのあるものです。実務上は、買ったときの値段（取得原価）が一定金額（たとえば、10万円・20万円）以上で、1年を超えて使用するものが固定資産とされるのが普通です。たとえば、土地、建物、機械装置、車両運搬具などが、これにあたります。

固定資産のうち、かたちのないものが**無形固定資産**です。最近は、欧米流に**無形資産**といわれることも増えてきました。無形固定資産には、いろいろなものがありますが、大雑把には、特許権、意匠権などの法律上の権利とソフトウェア、そしてM&Aのときに出てくるのれんです。

一般に、自社開発の知的財産権はそれほど多額にはなりません。多くの会社では、エンジニアが特許を取ったとき、会社が数千円から数万円程度の報奨金を出すようです。したがって、特許などの知的財産が数十億円あるとすると、これがすべて自社開発なら数十万件の特許が

取得されている計算になります。

　2016年特許取得件数1位のパナソニックIPマネジメントは4,546件、2位のキヤノンが4,345件とのことなので、数十万件の特許権数が非現実的であることがわかります。つまり、多額の知的財産権は、自社開発の可能性は低く、他社から買い入れたときの買い値です。具体的には、M&Aで他社を買収したときに知的財産権がBS計上されることが多いと考えられます。

　すでに説明したとおり、他社を買収するときには、その会社の資産を再評価します。特許権などの知的財産権の価値も徹底的に評価して、どうしてもこれ以上の資産は考えられないとなったときに余った残りの金額がのれんに割り当てられるのです。よって、M&Aで取得した多額の無形固定資産の多くは、のれんと同じ性質のものと考えられます。この点を強調するために、この本では、無形固定資産と書かず、のれん等と書くことがあります。

　さらに、無形固定資産の下に、**投資その他の資産**があります。基本的に、固定資産のうち、有形固定資産や無形固定資産でないものは、投資その他の資産になります。

　ただ、投資その他の資産の中身の多くは、長期の投資です。たとえば、関連会社投資、持合株式などの投資有価証券、関係会社貸付金などです。株式の値上がり益を狙って持っているのではなく、営業に与える影響を考えて短期的な値上がり益を無視して持っているような株式はすべてここに入ります。株式以外の貸付けも、長期のものはここに入りましょう。国債、地方債などの公債

も、満期まで保有するつもりであれば、投資にあたりますが、国債を持っているからといって、日本国政府が何か優遇してくれたり、地方債を持っているからといって、地方公共団体が何か優遇してくれたりするということは考えにくく、公債投資は戦略的なものとはいえません。また、公債の多くは、市場ですぐに換金できます。よって、すでに書いたように、公債投資額は余資運用であれば、現金等に含めたほうが実態を表わしていると考えます。

〈負債の項目〉
　有利子負債というのは、平たくいうと借金のことです。誰かからお金を借りて、借りたお金の元本とそれに対する利息を支払わなければならないような負債のことを、有利子負債と呼びます。企業の負債には、普通、我々が考える借金だけでなく、いろいろな項目が計上されています。そこで、利息を支払う必要のある借金だけを区別する必要が出てきます。ただ、借金というのは、あまりにくだけた日常用語なので、少しフォーマルに有利子負債と呼ぶことにしているようです。

　なお、BSには有利子負債という項目はありません。借入金、長期借入金、社債など、もう少し具体的な名前で載っています。そこで、BSの負債の欄の横に「この項目は利息を払う」「これも利息を払う項目だ」とチェック・マークをつけておいて、あとで、電卓で集計し「有利子負債はいくらある」と計算します。

　なお、有利子負債は、流動負債にも固定負債にもあります。流動資産・固定資産の分類基準、流動負債・固定

負債の分類基準は、基本的には、1年以内にキャッシュ・フローが生じるかどうかで判定します。1年以内にキャッシュ・フローが生じる場合は流動資産・流動負債、そうでない場合は固定資産・固定負債です。これを**1年基準**といいます。

ただし、このルールを厳格に適用すると、たとえば、二十数年モノのウイスキーを造っている酒類メーカーなどは、熟成中のウイスキー（仕掛品）が固定資産になってしまって不便です。そこで、売上債権、棚卸資産、買入債務など、正常な営業プロセスで循環していく項目は、キャッシュ・フローの発生が1年以内かどうかに関係なく、流動資産・流動負債とすることになっています。これを**正常営業循環基準**といいます。

有利子負債についていえば、1年以内に返済する短期借入金は流動負債ですし、もともとは固定負債であった社債なども、償還まで1年以内になれば、流動負債となります。流動負債・固定負債の区別は、実際に返済するまでの期間がどれくらい残っているかを考える意味で役に立つ情報です。実際、あとで説明するとおり、流動資産と流動負債の比率（流動比率）は、会社の信用状況を評価する上で使われています。

しかし、会社の財務状況や業績をザッとながめて全体像をつかもうという段階でそこまで細かい情報はなくても構いません。流動負債であれ、固定負債であれ、借金は借金です。有利子負債にまとめてしまいましょう。

〈純資産の項目〉
最後の、貸借対照表の右下にある**純資産**は、資産から負

債を引いた差額のことをいいます。大雑把には、その連結財務諸表を作っている企業集団の出資者に帰属する持分(もちぶん)です。2006年の会社法施行以前は、**資本**と呼んでいました。純資産と資本は、とりあえず、だいたい同じものと考えておいて大丈夫です。実際、この2つの違いを説明するためには、かなりマニアックな項目を説明する必要が出てきます。第4章で詳しく説明します。

純資産は、基本的に、株主が出資したもの、これまでの利益のうち配当されなかったものです。株主が出資したものは**資本金**とされますが、半分までは**資本剰余金**にすることができます。これまでの利益のうち配当されなかった部分は、**利益剰余金**です。利益剰余金は、**留保利益**と呼ばれることがあります。

PLの構成
〈収益の項目〉

PLへ移りましょう。まず右側に**売上(高)**があります。これは、モノやサービスを販売した額です。現代では、「売上げ」と送り仮名を振って書くことが多いのですが、決算書の項目名には原則として送り仮名を振りません。「売上」と書いて「うりあげ」と読みます。

正直、送り仮名については、いろいろと迷います。ここでは、決算書の項目名の「売上」というときや、「売上高」のように熟語の一部のときには送り仮名を振らず、名詞として使うときは「売上げ」とし、動詞として使うときは「売り上げる」とします(ほかの言葉も同様です。たとえば「取扱要領」「取扱い」「取り扱う」、「借入金」「借入れ」「借り入れる」などとします)。

多くの人は、売上げを右側に書くと気持ち悪いと思います。売上げから原価などのコストを引いて、利益を計算するので、PLの最初の項目となる売上げは左側に書きたくなるかもしれません。

しかし、売上げは右側に書くものだと憶えてください。売上げを右側に書くのは、簿記の構造上、売上げが右側に出てくるからです。複式簿記では、現金売上げを、現金が増えるという現象と売上げが立ったという現象の組み合わせとして一緒に記録しますので、売上げは現金と反対側に書かないと都合が悪いのです。BSで現金等を左側に書いてしまったので、売上げは右側に書かざるをえません。

〈費用の項目〉

一方、コストを支払うときには現金が減ります。複式簿記では「現金は、増えたら左、減ったら右」です。よって、現金が減ったときには、現金は右側に書かれるので、コスト（費用）は発生したとき、左側に書きます。結果として、コスト（費用）はPLの左側に書かれることになります。

コストの欄には、まず、**売上原価**があります。これは、100円で仕入れたものを120円で売ったとき、その仕入値の100円に相当するものです。商社や小売業などのケースでは、仕入値がわかって便利ですが、メーカーの場合は、製品を仕入れて製品を売っているわけではありません。鉄板などの原材料を仕入れ、電気代その他の経費を払いながら、人を雇って工場で製品を製造しています。したがって、どこまでが売上原価で、どこか

らが売上原価でないかというのは難しい問題です。現実のルールでは、工場の内側は売上原価、工場の外側は「販売費及び一般管理費」という仕切りになっています。

なお、売上原価というのは「売ったモノの原価」のことで、「仕入れたモノの原価(仕入原価)」や「作ったモノの原価(製造原価)」とは違います。当期仕入れた(作った)モノをすべて当期売ってしまうとはかぎりませんし、当期売ったモノがすべて当期仕入れた(作った)ものとはかぎりません。期末に調整が必要になります。

売上げから、売上原価を引いたものが**売上総利益**です。売上総利益は、**粗利益**ともいいます。

営業についての費用(営業費用)のうち、売上原価でない部分が**販売費及び一般管理費**です。販売費及び一般管理費というと、販売費と一般管理費の2つからなるように見えますが、これを販売費と一般管理費に分けることはあまりありません。これは「販売費及び一般管理費」という1つのまとまった言葉だと思ってください(この場合、「及び」は漢字です)。販売費及び一般管理費は、工場の外でかかった本業の費用のことです。そのまま書くと長いので**販管費**と略します。

売上げから、売上原価を引き、そこからさらに販管費を引くと、それが**営業利益**です。営業利益は本業の実力を表わす指標だといわれます。PLは、まだまだ続きますが、とりあえず、営業利益で止めておきたいと思います。

以上、主な項目の内容を簡単に説明しましたが、決算書に出てくる項目がこれだけにかぎられるわけではありません。そのほかの項目は出てくるつど、説明します。

第2章 ビジネスのスピード

1 どっちが大きい？

この章では、BSとPLの大きさを比較しましょう。図2-1を見てください。キッコーマンの2017年3月期です。

これは、典型的なメーカーの決算書です。BSよりPLがちょっと大きく、BSの左に総資産の3割程度の有形固定資産があります。ただ、平均よりも**原価率**（売上げに対する売上原価の比率）がかなり低く、**営業利益率**（売上げに対する営業利益の比率）が高いので、かなり業績のよい会社だということもわかります。**販管費率**（売上げに対するが販管費の比率）はかなり高めです。業績のよさを反映して、純資産が分厚く、有利子負債が少なめになっています。

キッコーマンの2017年3月期の決算書の図を、細か

図2-1 キッコーマン・2017年3月期

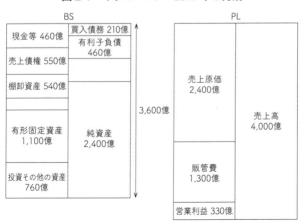

い漢字やその意味を考えずに素朴にながめれば、同じような大きさの箱が2つ並んでいることに気がつきます。BSの大きさを表わす総資産は、3,600億円で、PLの大きさを表わす売上高は、4,000億円です。つまり、PLのほうがBSより1割ちょっと大きい。

ここで、BSとPLがだいたい同じ大きさだからどうした？と思われるかもしれません。実は、BSに対してPLがどれくらい大きいのかは、**ビジネスのスピード**を表わしているのです。

その理由を説明します。現金や銀行預金などのキャッシュが、たとえば、原材料に投下されたとしましょう。原材料は棚卸資産（在庫）です。この原材料が、製造プロセスに投入されると仕掛品になります。仕掛品が完成すると製品となり、製品在庫として棚卸資産になりますが、これが外部に売られたとき、売上原価となり、その見合いの売上げが立って、それに対応する売上債権が立ちます。この売上債権が、回収されてキャッシュとして戻ってくるわけです。この回収されたキャッシュが、もう一度、原材料に投下され、製造プロセスに投入されると仕掛品、完成すると製品になり、売られたとき売上原価となって、見合いの売上げになり、対応する売上債権が立って、それが回収されてキャッシュに戻ります。このサイクルは、何度も繰り返されます。

それでは、次に、キャッシュが工場で使う設備に投下されるケースを考えましょう。10年使える設備で、10億円で買ったものとします。この購入価格（取得原価）の10億円を、この設備が使える期間である10年間に割り振ります。この手続きが**減価償却**です。減価償却の

計算の仕方は、いろいろありますが、ざっくりいって、10年で10億円ですから、年間1億円くらいずつ費用になっていきます。この減価償却費1億円は、製造間接費に算入されて、その期間に製造された仕掛品に割り当てられます。この仕掛品が完成したとき、製品になり、その製品が売られたとき、売上原価に計上され、見合いの売上げが立って、それに対応する売上債権が計上され、その売上債権が回収されて、キャッシュに戻ります。10年使える設備であれば、だいたい5年くらいで、キャッシュに戻ります。

今度は、工場の建物について考えましょう。その建物を使える期間（耐用年数）を38年、買ったときの値段（取得原価）は76億円としましょう。これを平均的に減価償却すれば、年あたり2億円になります。この減価償却費も、製造間接費に分類され、原価計算の手続きを経て、仕掛品に割り当てられて、完成すると製品になります。そして、その製品が売られたとき、売上原価となって、見合いの売上げが立って、それに対応する売上債権が計上され、それが回収されてキャッシュに戻ります。全体で38年ですから、平均的にいって、19年前後で回収されます。

それでは、本社の建物はどうでしょうか。50年使える鉄筋コンクリート造りのビルを100億円で購入したとしましょう。年間の減価償却費2億円は、製品に割り当てられることなく、直接、販管費になります。今のルールでは、工場の中で発生するコストはすべて製品に割り当てて、その製品が売られたときに売上原価とするのに対し、工場の外で発生する費用は、ただちに販管費

に計上することになっています。よって、工場の建物の減価償却費は製品製造原価に、本社の建物の減価償却費は販管費に計上されます。この販管費も、売上原価と同じように、売上高から引いて、営業利益を計算しますから、見合いに売上げがあることは変わりありません。その売上げに対応する売上債権があって、それが回収されてキャッシュに戻ります。本社の建物の取得原価を50年で償却するなら、平均25年で戻ってくるわけです。

それでは、土地の場合はどうでしょう。地球上の土地は、あと数十億年は使えそうです。では、数十億円で購入した土地は年間1円くらいずつ償却するかというと、そうではなくて、土地はずっと使えると仮定して計算し、減価償却しません。よって、土地購入に充てられた資金は、その土地を売却しないかぎり戻ってこないことになります。

実際、1890年（明治23年）に、三菱2代目社長・岩崎彌之助氏が購入した丸の内の土地は、まだ、三菱地所が持っています。神田三崎町の土地と合わせて10万5,000坪を128万円で購入したとのことです。

128万円と聞くと随分と安く買ったように聞こえるかもしれませんが、当時と今とでは貨幣価値が違います。128万円というのは、当時の東京市の予算の3倍程度の金額だそうです（河合敦『もう一人の「三菱」創業者、岩崎弥之助 企業の真価は二代目で決まる！』SBクリエイティブ、2012年）。

三菱地所は、2002年3月期に、土地再評価法にもとづいて、土地の再評価をしているので、現在のBS上の金額は買ったときの値段ではありませんが、1890年に

投下された資金が127年以上経っても戻ってきていないのは確かです。このお金は半永久的に戻ってきません（もちろん、その金額をはるかに上まわる利益をもたらしています）。

このように、原材料、建物、土地といった項目ごとに、キャッシュに戻ってくるまでの期間は異なります。しかし、資産全体の平均回転スピードを考えることは可能です。**金額で重みをつけた平均回転スピードが、ちょうど1年でグルッと1回転だとすると、BSとPLの大きさが一緒になります。** 会社の資産は、売上げを通じて回転するからです。この比率、PLがBSに比べてどれくらい大きいかを表わす比率のことを**総資産回転率**といいます。

$$総資産回転率 = \frac{売上高}{総資産}$$

総資産回転率の分子と分母をひっくり返したものが、**総資産回転期間**です。総資産回転期間は、BS上の総資産が、売上げを通じて、グルッと1回転するまでにかかる期間を表わしています。

何も調整しなければ、総資産回転期間の単位は「年」です。ただ、普通は、12を掛けて、単位を「月」にしたり、365を掛けて、単位を「日」にします。どっちにしろ、大雑把な話なので、大の月・小の月の違いや閏年は気にしないことにしましょう。単位を「日」にするときは、**総資産回転日数**といい、単位を「月」にするときは、**総資産回転月数**ともいいます。

$$総資産回転日数 = \frac{総資産}{売上高} \times 365$$

　ただ、こういった言葉を憶えるよりも重要なのは、それが何を意味しているのかを直観的に理解することです。決算書を図に描いて、BS と比べて PL が大きいとき「速い！」と感じ、PL と比べて BS が大きいとき「重そうな BS だ……」と感じる感覚を大切にしてください。繰り返しますが、BS と PL、どっちがどれくらい大きいかは、ビジネスのスピードを表わします。

2　普通の決算書とビジネスのスピード

　しかし、速いか遅いか、重いか軽いかは比較しないとわかりません。比較するときのモノサシとして、普通の BS と PL がどんな感じなのか、イメージをつかんでおきましょう。次の図 2-2 は、2011 年 4 月から 2016 年 3 月のあいだに公表された、銀行、証券、保険以外のすべての東証 1 部上場企業の年次決算の平均を表わしています（年度が 12ヶ月に充たないケースを除く）。具体的には、それぞれの項目の総資産に対する割合を計算し、その平均を取って図にしたものです。

　この図からわかるとおり、BS より PL のほうが 1 割ぐらい大きいのが平均的です（総資産回転率 1.1 倍）。一般に、景気がいいときは、スピードが速くなりがちです。つまり、同じ資産に対して、売上げが大きくなる傾向があります。これは、工場などの稼働率が上がることを考えれば当然でしょう。逆に、景気が悪いときには、スピードが落ち、同じ資産に対して、売上げが小さくな

図 2-2　2011 年 4 月期から 2016 年 3 月期の平均

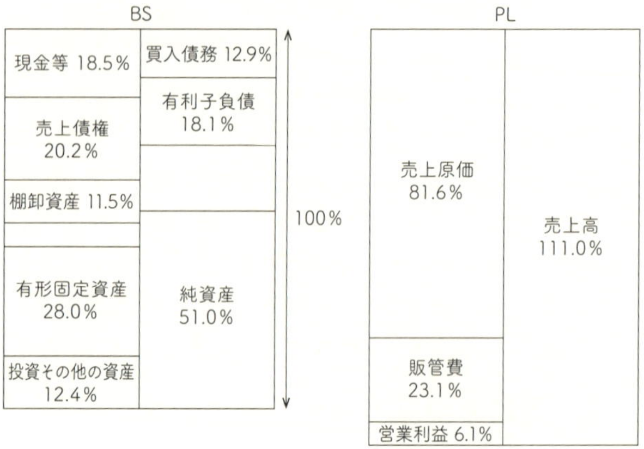

BS

現金等 18.5%	買入債務 12.9%
売上債権 20.2%	有利子負債 18.1%
棚卸資産 11.5%	純資産 51.0%
有形固定資産 28.0%	
投資その他の資産 12.4%	

100%

PL

売上原価 81.6%	売上高 111.0%
販管費 23.1%	
営業利益 6.1%	

る傾向です。よって、データを取る時期によって、数字が変わってくることに注意してください（図 2-2 の元データには、東日本大震災直後の時期が入っていますが、5 年分のデータなので、震災の影響は薄まっているはずです）。

　総資産（資産合計）を基準としているので、売上原価 81.6 %、販管費 23.1 %、営業利益 6.1 % というのは、原価率、販管費率、営業利益率とは異なります。それぞれの数字を総資産回転率で割れば売上高に対する比率が計算できます。原価率 73.6 %、販管費率 20.8 %、営業利益率 5.5 % が対応する数字です。

　一方、資産や負債、株主資本といった BS 上の数字は、総資産に対する比率として素直に解釈できます。もっとも、BS 上の項目を何ヶ月分の売上げに相当するかという表現をすることもよくあります。1 年間の売上高

のことを**年商**(ねんしょう)といい、1ヶ月の売上高のことを**月商**(げっしょう)といいます。

現金等は総資産の18.5％ですが、これは年商の16.7％、つまり、月商の2.0ヶ月分、61日分の売上げに相当します。ほかの企業を買収する準備などのために、余剰資金を抱えている例もありますから、決済に必要な事業資金はもっと少ないはずです。そういう余剰資金も合わせて、月商の2.0倍のキャッシュを持っているのが平均的な企業の姿だということです。

売上債権の比率は20.2％です。これは、年商の18.2％にあたり、月商の2.2倍に相当します。つまり、平均的な会社は、商品・製品・サービスなどを販売したあと、平均して2ヶ月ちょっと、67日で売掛金などを回収するということです。

一方、買入債務の比率は12.9％です。これは、年商の11.7％にあたり、月商の1.4倍、約43日分に相当します。

棚卸資産、つまり、在庫は、総資産の11.5％です。これは、年商の10.4％、月商の1.2ヶ月分、約38日分に相当します。

また、平均的な企業は、総資産の28.0％の有形固定資産を持ち、12.4％の投資その他の資産を持ち、18.1％の有利子負債を負っています。純資産は51.0％です。

以上の説明は、数字が少し細かいので、もう少し粗っぽくまとめておきます。平均的な企業は、BSよりPLのほうが1割ぐらい大きくて、原価率はだいたい4分の3、販管費率が2割程度で、営業利益率は5％前後で

す。月商の約2ヶ月分の現金と、月商2ヶ月分強の売上債権と月商1ヶ月分ちょっとの在庫を持ち、買入債務は月商1ヶ月半分です。総資産のだいたい3割が有形固定資産で、借金は2割程度でした。総資産の約半分が純資産ということです。

なお、以上は、平均的な会社の姿でしたが、平均的な会社がつねに典型的な会社であるとはかぎりません。たとえば、年商10億円の会社が9社と年商110億円の会社が1社の合計10社のグループの平均年商は20億円になります。しかし、10社中、9社までが平均年商の半分の売上げしか計上していません。この場合、この10社からなるグループの典型的な年商として20億円は大きすぎるように見えます。つまり、20億円は平均的な年商ではあっても、典型的な年商ではありません。平均の計算は、極端に大きな値や極端に小さな値の影響を受けやすいのです。

そこで、ちょうど真ん中の順位の会社の数値（中央値）も計算しました。詳細は示しませんが、1点を除いて、平均の数字とだいたい同じでした。この1点というのは、総資産回転率です。総資産回転率の中央値は0.97倍となり、典型的な企業のBSとPLはほぼ同じです。総資産の割に極端に売上高の大きい会社が一定数あり、そういった会社のデータに引きずられて平均総資産回転率が高くなってしまっていたようです。

中央値で計算してみても、原価率、販管費率、営業利益率は平均と大きくは変わりません。つまり、典型的な会社のPLは、平均的な企業のPLを、それぞれの項目の比率を保ったまま、BSとほぼ同じ大きさまで圧縮し

たものだと考えておきましょう。

3　大きなPL

総資産回転率ランキング

　大きな総資産回転率によって表わされる BS と PL の関係を考えてみましょう。つまり、比較的小さな BS と比較的大きな PL の組み合わせです。売上げに対して資産が軽いという意味で**アセット・ライト**といえますし、ビジネスのスピードが速いともいえます。

　このようなパターンを示すビジネスはどのようなものでしょうか。ここで、先へ進む前に、少しばかり時間をとって考えてみてください。業種でも、具体的な会社名でも構いません。

　資産規模の割に、売上げが非常に大きい場合、その企業の内部で製品を作っていたり、サービスを自前で提供していては間に合いません。つまり、メーカーや自前のサービス業は、そんなに速いビジネスはできないと想像できます。あるいは、モノを作るにはある程度の設備が必要で、一定規模の有形固定資産が計上されるため、BS がそこそこ大きくなってしまうということもできます。

　それでは、自分で作るのではなく、買ってきて売るところだったら、どうでしょうか。実際、商社や小売業というのが、速いビジネスの典型です。速いのは「買ってきて売るところ」です。

　東証 1 部上場企業のうち、2015 年 4 月期から 2016 年 3 月期までの決算で、総資産回転率が高いほうから 6

表 2-1　総資産回転率の大きい会社

(単位：億円)

会社名	決算期	総資産	売上	回転率
ティーガイア	2016年3月期	859	6,201	7.2
東都水産	2016年3月期	256	1,244	4.9
OUGホールディングス	2016年3月期	709	3,273	4.6
三愛石油	2016年3月期	1,802	7,467	4.1
三菱食品	2016年3月期	5,994	23,831	4.0
ぴあ	2016年3月期	359	1,386	3.9

社を並べると、表2-1のようになります。

携帯ショップ・ティーガイア

このうち、飛び抜けて速いのはティーガイアです。それでは、東証1部最速のティーガイアについて見てみましょう。すでに、2017年3月期決算が出ていますので、そちらを参照します（図2-3）。

ティーガイアは、住友商事グループの携帯電話販売代理店ネットワークの会社です。携帯電話販売代理店ネットワークとしては、国内で最大規模を誇ります。NTTドコモ、au、ソフトバンクといった国内大手の通信事業者の一次代理店として契約を結ぶほか、スマートフォンなどの携帯電話やPHS、タブレットなどの携帯端末を販売し、そのアフター・サービスも提供しています。このモバイル事業が、ティーガイアの主力事業で、売上高5,500億円中の4,700億円を占めています。うち端末販売が3,000億円ほどです。

スマートフォンやタブレットのような単価の高いモノ

図2-3 ティーガイア・2017年3月期

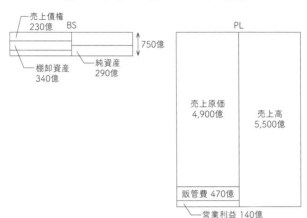

を買ってきて大量に売るということで、売上高はその他事業も含めて5,500億円にも達しています。しかし、主に完成品を仕入れているので、原価率は88.8％と高く、金額にして4,900億円にもなります。販管費率は8.6％で、金額にして470億円、営業利益率は2.6％で、金額にして140億円です。売上高5,500億円の企業としては、営業利益140億円というのはずいぶんと慎ましやかに見えるかもしれません。

しかし、ティーガイアは、総資産750億円、純資産290億円の会社です。290億円の純資産に対して、営業利益140億円というのは相当な高収益です。実際、あとで説明する自己資本利益率は、東証方式で29.7％ときわめて高い数値となっています。アメリカなど、海外企業の自己資本利益率は日本より高いのですが、日本企業の自己資本利益率は伝統的に低く、だいたい10％を

超えれば高収益企業と考えられます。高収益企業の目安が 10 ％とされる指標が 30 ％近いわけです。日本においては、きわめて例外的な高収益企業といえます。

ティーガイアは、もともと、2008 年に三井物産の子会社だった株式会社テレパークと、住友商事と三菱商事の合弁会社だった株式会社エム・エス・コミュニケーションズの対等合併によってできた会社です。こうした経緯から住友商事と三菱商事が主要な株主でしたが、2016 年にティーガイアが三菱商事の保有株式を買い取り、現在は、住友商事の持株比率が 4 割を超えます。住友商事の有価証券報告書によると、ティーガイアは関連会社等とされています。

海産物問屋・東都水産

ティーガイアに続く 2 社は海産物問屋（水産物卸売業者）です。東都水産は、東京の築地市場の水産物卸売業者で、OUG ホールディングスは、大阪の水産物卸売業者うおいちの親会社です。

東都水産は、本マグロ、メバチマグロ、キハダマグロといった生鮮・冷凍マグロのほか、ヒラメ、アジといった鮮魚、ハマチ、カンパチといった養殖魚、カキ、アワビといった貝類のほか、カマボコ、チクワのような加工品まで取り扱っています。海産物一般の集荷・販売業を営む会社です。

中央卸売市場では、荷受(にうけ)と呼ばれる産地から水産物を受け入れる卸売業者が重要な役割を果たします。築地市場の荷受は 7 社あり、東都水産はこのうちの 1 社です。荷受はセリをしたり、大口顧客へ相対(あいたい)で販売したり

します。典型的な「買ってきて売るところ」といえます。

東都水産の卸売部門の取扱数量は11万トン、売上高は1,100億円なので、だいたい1トンを100万円で売っている計算になります。水産物卸売事業に従事している従業員のかたは260人だそうですから、少人数で厖大な量の水産物を捌いていることがわかります。

東都水産の2017年3月期では、総資産260億円の4.6倍にあたる1,200億円の売上げがありました。これに対して、売上原価は1,100億円で、原価率は94.1%です。販管費が57億円で4.8%、営業利益は13億円でわずか1.1%です。**薄利多売**の典型といえます（図2-4）。

一般に、売上高に対する営業利益の比率のことを**売上高営業利益率**といいます。

図2-4　東都水産・2017年3月期

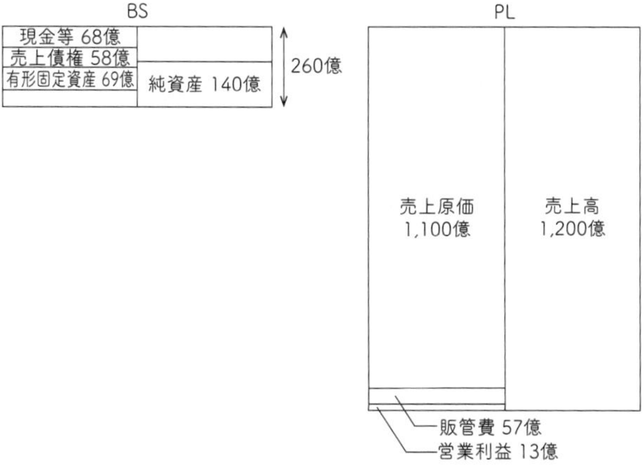

BS		PL
現金等 68億		
売上債権 58億		
有形固定資産 69億	純資産 140億	

260億

売上原価 1,100億　売上高 1,200億

販管費 57億
営業利益 13億

$$売上高営業利益率 = \frac{営業利益}{売上高}$$

　普通、○○○○率というとき、分母の項目を前に書き、分子の項目を後にします。売上高と比べる利益は、営業利益にするのが一般的なので、わざわざ「営業利益」といわず、たんに「利益」として、**売上高利益率**ともいいます。

　また、分母に売上高をとるのはあまりに一般的なので、売上高を略して、**営業利益率**といったり、たんに**利益率**といったりします。英語では、Return On Salesというので、略して**ROS**です。

　東都水産のケースでいうと、ROSはわずか1.1％だということになります。ROSについては、のちほど詳しく説明します。

　OUGホールディングスの決算書の図は示しませんが、連結総資産730億円、純資産は210億円に対し、売上高3,200億円、売上原価3,000億円、販管費220億円、営業利益26億円です。総資産回転率4.4倍、ROSはわずか0.8％です。

　しかし、東都水産の純資産140億円やOUGホールディングスの純資産210億円に対する営業利益の割合を考えると、それぞれ9.3％、12.5％となり、それほど低いわけではありません。あとで説明する自己資本利益率は、東証方式で、それぞれ、9.0％、8.9％と良好です。

　「買ってきて売る」薄利多売のハイ・スピード経営では、売上げが大きくなると同時に売上原価も大きくなる

ため、ROS自体は小さくなりますが、ハイ・スピード経営をするために必要とされる元手も小さいので、純資産営業利益率や自己資本利益率はそれほど低いわけではないということです。

なお、東都水産の決算書の図には棚卸資産（在庫）が出てきません。これは金額が小さいため無視しただけであって、実際には27億円程度の棚卸資産があります。売上原価1,200億円に対して棚卸資産は27億円ですから8日分です。仕入れた水産物を長いあいだ在庫として持つことなく、どんどん販売していくスタイルであることがわかります。

しかし、営業利益1.1％は薄利です。いや、薄利多売のビジネス・モデルですから、薄利であることそれ自体は当然ですが、それにしても薄利すぎるのではないかという気がします。1.1％ということは、1キロ3,200円の本マグロが3,160円に値下がりすると赤字になってしまうイメージです。自らの勘定でリスクをとって売買する報酬としては小さすぎるかもしれません。

東都水産の2017年3月期の有価証券報告書を調べてみると、受託販売品が売上げに計上されていることがわかりました。水産物の受託販売と買付販売をしているようです。数量ベースで、受託品が2万8,000トン、買付品が7万8,000トンの売上げです。金額ベースでは、受託品が320億円、買付品が770億円です。

受託品の仕入れが298億7,900万円、売上げが316億1,800万円なので委託手数料17億3,900万円は売上げの5.5％です。築地市場では、荷受が販売を受託した場合の委託手数料は、荷受が自分で決めて届け出る制度

になっています。現在、築地の荷受7社の委託手数料は100分の5.5で横並びです。これは、計算結果とも合っています。

受託販売には在庫リスクがないので、売上げや売上原価に計上せず、委託手数料だけ利益に計上するのが一般的ですが、水産物卸売業界では、両建てでPL計上するようです。これが見掛け上のスピードを押し上げています。

チケットのぴあ

ティーガイア、東都水産、OUGホールディングスは、一般の人にあまり馴染みのある会社ではありません。ティーガイアの場合は、実は一般の人もよく利用しているのですが、たとえば「ドコモショップ自由が丘店」「auショップ六本木交差点」「ソフトバンク新橋」を利用するときに、ティーガイアの店舗を利用しているという意識はないと想像します。

ここでは、一般の人に馴染みのある会社ということで「ぴあ」を取り上げます。コンサートや演劇などのチケットを販売する「チケットぴあ」のぴあです（図2-5）。

BSは430億円なのに対して、PLは1,500億円で、総資産回転率3.6倍です。売上原価は1,400億円で、原価率は大変に高く、91.7％にもなります。営業利益は18億円で、ROSは1.2％です。

一方、純資産は80億円なので、純資産に対する営業利益の割合は、22.4％となり、かなり高めです。自己資本利益率も、東証方式で12.6％とかなり高い。

しかし、コンサート、演劇、スポーツ観戦などは、東

都水産の水産物と比較してもはるかにリスクの高い商品でしょう。大きなアリーナを借り切って、人気グループのコンサートを企画しても、いつもソールド・アウト（完売）になるとはかぎりません。チケットの売れ残りが出るリスクを考えると ROS が 1.2 ％では薄利すぎます。

　ぴあのウェブサイトを見ると、チケットぴあ Web 窓口やカウンターセクションでチケットを委託販売できるようです。チケットぴあ Web 窓口の場合、自由席チケットなら、興業登録料は無料、販売手数料は 8 ％、チケット用紙代が 1 枚 10 円とされています。指定席チケットでは、興業登録料は 10,000 円、販売手数料は 10 ％、チケット用紙代が 1 枚 10 円となっています。

　イベントを企画・運営する業者から見た委託販売は、ぴあから見れば受託販売になります。普通、チケットの

図 2-5　ぴあ・2017 年 3 月期

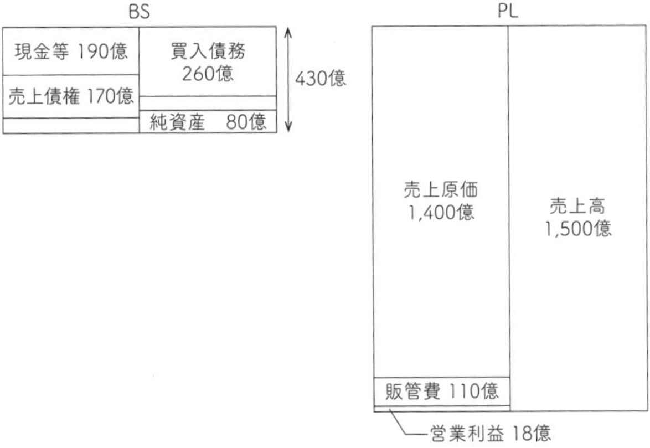

BS	
現金等 190億	買入債務 260億
売上債権 170億	
	純資産 80億

430億

PL
売上原価 1,400億 / 売上高 1,500億
販管費 110億
営業利益 18億

売れ残りのリスクは、委託者にあってぴあにはないでしょう。こうした受託販売売上げは、簿記のテキストでは売上げにしませんが、東都水産でもそうだったように、実務上は売上計上するケースがあるようです。

ぴあの個別財務諸表を見ると、ぴあの個別売上高1,500億円のうち、商品売上高が1,300億円、製品売上高が190億円となっています。普通、「商品」は買ってきたモノ、「製品」は作ったモノです。おそらく、商品は、他社企画のモノで、製品は、ぴあが企画・運営に関わったモノでしょう。また、「製品」であっても、パートナーがいれば、リスクをどのように負担しているのかはプロジェクトごとに違いそうです。

他社企画のモノがすべて受託販売で、ぴあが在庫リスクを負っていないかどうかはこれだけではわかりません。しかし、その可能性は高そうです。

一般に、百貨店などの小売業では、販売側が在庫リスクを負わず、顧客に販売した瞬間にその売ったモノを仕入れたことにする**売上仕入**と呼ばれる慣行があります。ぴあのチケット販売にも同じルールが当てはまるとすると、ぴあがチケットを売った瞬間にチケットを仕入れたことにしているのでしょうか。売上原価1,400億円に対して、棚卸資産は1.5億円程度で、半日分の在庫しかありませんから、おそらく受託販売も売上げに計上し、売上仕入のようなかたちで売上原価を算定しているのではないかと想像します。

4　重いBS

東京電力ホールディングス

　ここまで、BSに対してPLが大きいようなスピードの速いビジネスの例をいくつか見てきました。スピードの速いビジネスは基本的に「買ってきて売る」ビジネスでした。

　それでは、スピードが遅いビジネスとはどのようなものでしょうか。いや、スピードが遅いというより、BSが重いビジネスといったほうがいいかもしれません。多くの資産が必要なのに、あまり売上げが大きくない業種・企業名を考えてみましょう。

　すぐに思いつくのは、インフラ系ではないでしょうか。日本全国津々浦々に何らかのネットワークを持っていて、そのネットワークを通じて、公共性の高いサービスを提供する産業です。具体的には、電力、ガス、通信、鉄道、エアラインなどです。電力やガスのような地域独占の場合、日本全国津々浦々とまではいきませんが、その独占地域ではエリアの隅々までネットワークが張り巡らされています。

　こういう業種の特徴は、PLがBSの半分くらいしかないという点にあります。さらに、BSの半分くらいが有形固定資産によって占められていることが多い。売上げにあたる営業収益がかなり小さく、有形固定資産がかなり大きければ、インフラ系を想像してみてください。

　ここでは、東京電力ホールディングスの決算書を見てみましょう（社債や借入金の金額は、社債明細表や借入金等明細表を見ています）。図2-6を見てください。

やはり、インフラ系の代表である電力会社はBSが重くなっています。大きなBSに対して、小さなPLが特徴的です。実際、PL（営業収益）は、BS（総資産）の43.6％しかありません。

また、BSの左上が固定資産になっている点も気になります。通常、BSは現金に近いものから先に書く慣習ですが、インフラ系は固定資産から先に書く慣習があります。今でも、東京電力ホールディングスやKDDIなどは固定性の高いもの（現金から遠いもの）を先に書いています。このように固定資産を先に書くのは、インフラ系の業種においては、固定資産が重要な意味を持っているからです。

普通の会社のBSを見るときは「この会社、おカネを貸して大丈夫か」どうかを判定しようとしていることが多い。会社というのは、赤字でもただちには倒産しませんし、債務超過でもただちには倒産しません。おカネを

図2-6　東京電力ホールディングス・2017年3月期

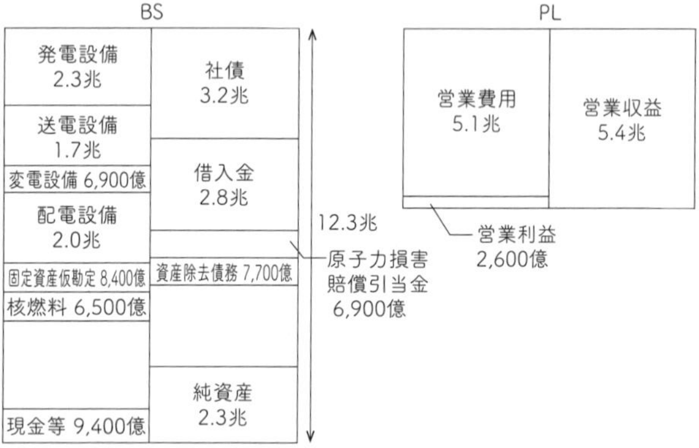

BS		PL	
発電設備 2.3兆	社債 3.2兆	営業費用 5.1兆	営業収益 5.4兆
送電設備 1.7兆	借入金 2.8兆		
変電設備 6,900億			
配電設備 2.0兆			
固定資産仮勘定 8,400億	資産除去債務 7,700億		
核燃料 6,500億	原子力損害賠償引当金 6,900億		
	純資産 2.3兆		
現金等 9,400億			

12.3兆

営業利益 2,600億

払わないといけないのに、おカネがなくなり、そして誰もおカネを貸してくれないとき、倒産します。つまり、会社は資金ショートで倒産するわけです。

よって、おカネをいっぱい持っている会社は倒産しにくいといえます。そこで、一番の注目点は、おカネがどれくらいあるかになります。これが、キャッシュがBSの左上の特等席に掲載されている理由です。このようにキャッシュに近いモノから順番に書いていく方法を**流動性配列法**といいます。ここで、**流動性**というのは、キャッシュまでの距離のことです。入出金までに期間が短いものは流動性が高いといいます。

一方、世の中には、普通は倒産しないと思われている会社があります。具体的には、電力、ガス、通信といったインフラ系の会社です。電力、ガス、通信業界は、固定資産や固定負債から先に書く**固定性配列法**を使っています。こういった会社は、倒産の心配があまりありませんから、手許にキャッシュがどれくらいあるかということよりも、きちんとサービスが提供できるかどうかに関心が集まります。東京電力ホールディングスの場合、首都圏に電力をきちんと届けられるかどうかが大切だということです。

実際、東京電力ホールディングスの場合、総資産の約7割にあたる69.0％が有形固定資産です。投資その他の資産まで合わせた固定資産全体ですと、総資産の83.8％に達します。有形固定資産の内訳では、発電設備、送電設備、変電設備、配電設備といった電気事業関連のものが目立ちます。発電設備は、水力が4,200億円、汽力（火力）が1.1兆円、原子力が8,200億円で、

合計 2.3 兆円相当です。このほか、送電設備が 1.7 兆円、変電設備が 6,900 億円、配電設備が 2.0 兆円といったところです。東京電力ホールディングスは、発電施設と送電・変電・配電ネットワークのかたまりと考えられます。

電力自由化のため、東京電力の発電部門と送配電ネットワークを別会社に切り分けることになり、東京電力は東京電力ホールディングスとなりました。送配電ネットワークは東京電力パワーグリッドという東京電力ホールディングス傘下の別会社になっています。当然ながら、東京電力パワーグリッドの BS も、東京電力ホールディングスの連結 BS に足し込まれています。

東京ガス

インフラ系の代表として電力会社の決算書を見たので、それとは少し違う例としてガス会社の決算書を見ておきましょう。ここでは、東京ガスを取り上げます（図2-7）。東京ガスの本当の名前は、東京瓦斯です。一般に知られている名前と本当の名前が違うというのは時々あることです。ここでは、東京ガスで統一します（社債と借入金の金額は、社債明細表や借入金等明細表から取っています）。

東京ガスの決算書もインフラ系の作りです。ガス会社も、ガス管などの供給設備が必要なので有形固定資産の割合が高くなります。実際、東京ガスの有形固定資産は 1.4 兆円ほどで、総資産の 62.4 ％、つまり約 6 割強を占めています。東京ガスの BS の内部構成は典型的なインフラ系の作りです。

図2-7　東京ガス・2017年3月期

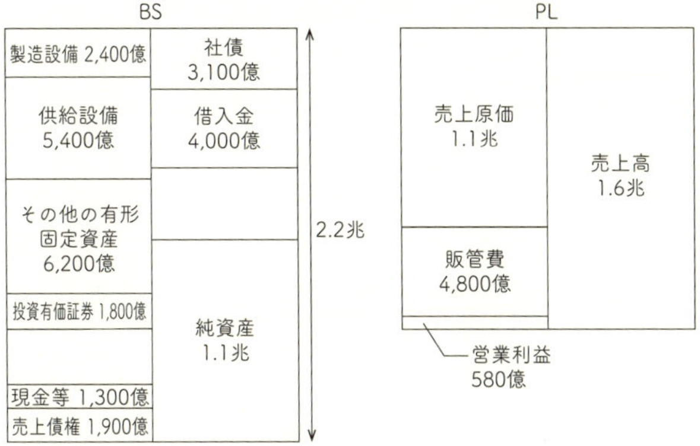

BS

資産	負債・純資産
製造設備 2,400億	社債 3,100億
供給設備 5,400億	借入金 4,000億
その他の有形固定資産 6,200億	純資産 1.1兆
投資有価証券 1,800億	
現金等 1,300億	
売上債権 1,900億	

合計 2.2兆

PL

費用	収益
売上原価 1.1兆	売上高 1.6兆
販管費 4,800億	
営業利益 580億	

　売上高は1.6兆円で、総資産の71.2％を占めます。総資産回転率は0.71倍です。BSと比べるとPLはかなり小さく、インフラ系のパターンです。

　しかしながら、東京ガスの決算書はいつも典型的なインフラ系のパターンを示すわけではありません。たとえば、2016年3月期の総資産は2.3兆円、売上高は1.9兆円で、総資産回転率は0.84倍でした。さらに、2015年3月期の総資産は2.3兆円、売上高も2.3兆円で、総資産回転率は1.0倍とBSとPLの大きさはだいたい同じでした。

　東京ガスの売上高が、インフラ系としては大きかったのはなぜでしょうか。それは「買ってきて売るインフラ系」だからです。東京ガスは、首都圏に都市ガスを供給するガス会社です。都市ガスは、液化天然ガス（LNG）を気化させたものです。摂氏マイナス162度まで冷やして液体にした天然ガスを、オーストラリア、マレーシ

ア、カタールなどの外国から買い付け、袖ケ浦や横浜、日立などにあるLNG基地で海水で温めて気化します。そのままでは無味無臭のため、ガス漏れ時に危険なので、わかりやすい匂いを付け、圧力調整をしてガス管に流すわけです。

電力会社のように発電の設備を持って、発電してから送電・変電・配電するインフラ系と比べると、液化天然ガスを買ってきてガスの供給設備に流すという色彩が強いことがわかります。

つまり、「買ってきて売る」卸売りの要素があって東都水産のようにPLが大きくなる圧力と「インフラ系」としてかなり有形固定資産が必要とされる東京電力ホールディングスのようにBSが大きくなる圧力とがバランスして、BSとPLがだいたい同じような大きさになっていました。

2017年3月期、東京ガスの売上高が1.9兆円から1.6兆円へと大きく落ち込んだのは、LNG価格の下落によるものです。電力料金やガス料金には、**燃料費調整制度**があり、燃料価格が上がったり下がったりした場合は、それに応じて料金が変わるようになっています。2017年3月期は、ガスの販売量そのものは増えましたが、LNG価格が下落し、それに連動してガス料金が下がったため、東京ガスの売上げは小さくなりました。「買ってきて売る」卸売りの部分が小さくなり、ガスの供給設備運営というインフラ系の色彩が強くなったというわけです。

2017年4月からは、ガスの自由化も始まりました。ガスの自由化より1年早く始まった電力の自由化で

は、多くの新電力業者が参入しました。電気は、地面に太陽光パネルを並べれば作れますから、電力市場に参入するのは簡単です。一方、外国からマイナス162度まで冷やした液化天然ガスを輸入するというのはなかなかハードルが高い。よって、ガス市場への新規参入業者はかぎられそうです。

　天然ガス市場は、さらに上流に資源メジャーがあり、日本国内向けの調達業者が細分化されると交渉力が弱くなってかえってガス料金が上がってしまう可能性も否定できません。ガス自由化の結果、ガス料金が上がるか下がるか、それは今後の推移を見守る必要がありそうです。

5　すごく小さなPL

何かモノを貸しているところ

　東京電力ホールディングスのようなインフラ系の場合、確かに総資産回転率は小さく、PLはBSの半分未満、4割ちょっとしかありません。東京電力ホールディングスのPLはBSの43.6％ですから、すべての資産がグルッと1回転するには、2年以上（2.3年）かかる計算になります。

　しかし、実際には、もっと回転の遅い業種・企業があります。それは「何かモノを貸しているところ」です。たとえば、不動産賃貸業を考えてみましょう。

　東京で月7万円の家賃で貸せるワンルーム・マンションは、買うとしたらいくらでしょうか。もちろん、購入するタイミングにもよりますし、個別の特殊事情もあり、空室リスクがどれくらいあるかにもよりますが、お

そらく1,000万円で買うのは難しい。月7万円として、年間、7 × 12 = 84万円の賃貸料収入に対して、投資金額が1,000万円とすると、表面利回り8.4％に相当します（これは、借入金の支払利息や管理費などの必要経費を引く前の数字ですから、実際の手取りの利回りはもっと悪くなります）。

利回りは、時期や市況によって変化しますが、かりに5％とすると、年間84万円の賃貸料収入として、1,700万円前後の投資金額になりそうです。このように、投資利回りの観点からながめてみれば、「何かモノを貸しているところ」のPLがBSのほんの数％であっても驚くことはありません。

森ビル

例として、森ビルの2017年3月期の決算書を見てみましょう（図2-8）。

図2-8　森ビル・2017年3月期

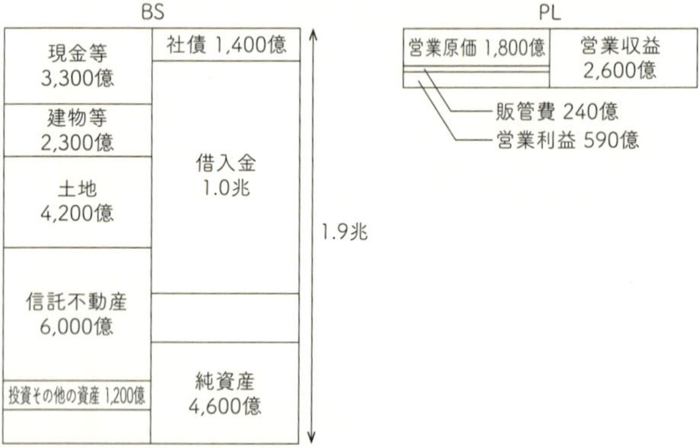

BS

現金等 3,300億	社債 1,400億
建物等 2,300億	借入金 1.0兆
土地 4,200億	
信託不動産 6,000億	
投資その他の資産 1,200億	純資産 4,600億

1.9兆

PL

営業原価 1,800億	営業収益 2,600億
	販管費 240億
	営業利益 590億

森ビルのビジネスは、ビルの賃貸業ですから、「何かモノを貸しているところ」の典型例です。総資産 1.9 兆円に対して、売上高に相当する営業収益は、2,600 億円しかありません。総資産回転率は、0.14 倍です。

不動産賃貸業としては、利回りがよすぎるように見えるかもしれませんが、森ビルの場合、賃貸用不動産をいつも購入しているわけではありません。自前で開発しているケースも多いはずです。

有名な開発案件としては、六本木ヒルズがあります。1982 年にテレビ朝日の本社建替えに際して、森ビルは周囲を含めた再開発を提案し、六本木ヒルズの開発が始まりました。周辺地域は、六本木 6 丁目で、そこには約 400 人の地権者がいました（以下、「六本木ヒルズ 森ビルの執念と憂鬱」、『日経ビジネス』、2003 年 4 月 28 日号、30–42 ページより）。六本木 6 丁目の地名にちなんだ「ろくろくだより」という小冊子を月に 2 回、権利者 1 戸 1 戸へ配って歩いたそうです。森ビルは「ろくろくだより」によって、この地区の再開発の進捗状況を地権者に報告していました。

地権者約 400 人について、「遺産相続で揉めている」「先妻とのあいだに子供がいる」「借家人の明け渡しに苦労している」といった戸別の情報まで、会議の議題としていました。多くの地権者に粘り強く説得を続け、権利義務関係を整理し、行政の規制をクリアして、17 年の月日をかけて六本木ヒルズを作り上げました。面積 11.6 ヘクタール、東京ドームのグラウンド約 9 個分の壮大な再開発プロジェクトでした。

このような自社開発プロジェクトによるもののほか、

かつて不動産価格が低迷している時期に購入した不動産が多くの賃貸料収入を稼いでいるということもありましょう。貸借対照表に計上されている賃貸用不動産の多くは時価で評価されているわけではありませんから、時価ベースの不動産賃貸利回りとは一致しません。連結BSには、賃貸用不動産以外の資産も計上されていますから、賃貸用不動産に限定した回転率を考えるなら、利回りはさらに高くなります。

このように、一定の留保条件がつくので、注意してながめなければなりませんが、やはり、森ビルの決算書には、不動産賃貸業の特徴が顕著に表われています。大きなBSに対して、小さなPLです。そして、資産の多くが「貸しているモノ」に相当する賃貸用不動産です。

三菱UFJフィナンシャル・グループ

「何かモノを貸しているところ」はほかにもあります。おカネを貸している銀行業を見てみると、2017年3月期で、三菱UFJフィナンシャル・グループは、総資産300兆円に対して経常収益6.0兆円、みずほフィナンシャルグループは、総資産200兆円に対して経常収益3.3兆円、三井住友フィナンシャルグループは、総資産200兆円に対して経常収益5.1兆円です。貸借対照表に対する損益計算書の相対的な大きさを表わす総資産回転率は、三菱UFJが2.0％、みずほが1.6％、そして、三井住友が2.6％です。現在の貸出金利水準を考えれば、この総資産回転率は納得がいくはずです。

もう少し具体的に見るために、三菱UFJフィナンシャル・グループ（MUFG）の決算書を見てみましょう

(図2-9)。

まず、金融機関のBSの途方もない大きさが実感できましょうか。総資産300兆円というのは、想像を超える金額です。

たぶん多くの人は1億円という金額は身体感覚で理解できましょう。しかし、1兆円となるとどれくらい大きいのかわからなくなります。毎日2,700万円を100年間使い続けるとだいたい1兆円です。つまり、300兆円というのは、毎日2,700万円を3万年使い続けると使い切れるくらいの金額です。あるいは、毎日81億円を100年間使い続けると使い切れるくらいの金額と申しましょうか。いずれにせよ、身体感覚でとらえるのが難しいほど大きな金額です。

三菱UFJフィナンシャル・グループは、民間金融機関としては日本最大です。ゆうちょ銀行を傘下に納める日本郵政の総資産が290兆円程度ですから、三菱UFJ

図2-9 三菱UFJフィナンシャル・グループ・2017年3月期

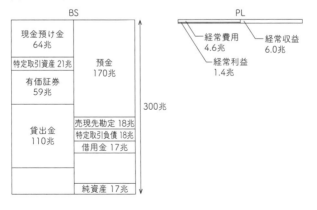

フィナンシャル・グループのほうが少し（10兆円ほど！）大きい。最近、国債を大量に買い込んでいる日本銀行のBSが2017年3月末で490兆円ほどです。

面白いことに、銀行の場合、BSの右側に預金が出てきます。三菱UFJフィナンシャル・グループの負債のところに預金170兆円が計上されています。我々は、銀行口座に入金することで、銀行におカネを貸しています。つまり、銀行の借金である預金は我々から見たら財産です（同じ理屈で、日本銀行の負債には、現金にあたる発行銀行券が載っています。我々は、日本銀行の借金の証文である日本銀行券を「おカネ」だと思っているわけです）。

このように、銀行の場合、預金は負債なので、普通でいう資産の預金のことを、負債の預金と区別するために**預け金**という言い方をします。現金預け金64兆円というのは、普通の会社でいう現金預金のことです。

資産で一番目立つのは貸出金110兆円です。これは、会社などに融資したおカネです。銀行では、なぜか貸付金とはいわず**貸出金**と呼ぶ慣行です。

このほか、いくつか耳慣れない項目がありますが、銀行のいろいろな取引を解説していると長くなるので、ここまでにします。興味のある人はネットで検索してみてください。

6　BSとPLの相対的な大きさからわかること

以上、説明してきたBSとPLの相対的な大きさについては、経営分析のテキストでは、通常、「総資産回転率」「総資産回転期間」の二言で説明が終わる事柄で

す。これらの概念も重要には違いないのですが、それ以上に、その意味する内容をしっかりと理解しておくことのほうが重要です。

　BSとだいたい同じ大きさのPLを見て「普通だな」「メーカーっぽいな」と仮説を立てて、総資産のうち有形固定資産が30％程度かどうかをチェックする。BSの何倍もあるPLを見て「商社かな」「小売りかな」と推量して、売上高原価率を調べてみる。あるいは、BSの半分しかないPLを見て「重そうなBSだな」「インフラ系っぽいな」と感じ、総資産のうち、有形固定資産が半分くらいありそうか確認する。はたまた、BSの数％しかないPLを見て「不動産賃貸業かな」「金融機関かな」と推測して、資産の最大項目を調べてみる。読者の皆さんに、そんな態度・姿勢が身についたとすれば、ここでの目的は達成されたことになります。

第3章 キャッシュまでの距離

1 どれくらいで回収しているか

回収サイト

前章では、平均的な会社の売上債権は、年商の18.2％、月商の2.2倍程度だと説明しました。1年を365日と考えれば、約67日で売掛金や受取手形を回収するということです。このように、販売から売掛金等回収までの期間のことを**売上債権回転期間、回収サイト**といいます。

このサイトというのは、もともとは英語の為替手形に書いてある言葉です。為替手形というのは、誰かに対して誰かへの支払いをお願いする手形です。「この手形を見たらすぐ払ってください」という条件のことを一覧払いといいます。ここで「見たらすぐ」は、英語だと「アット・サイト」です。一方、「見てから30日後」は「アット・30・デイズ・アフター・サイト」です。一覧後30日払いといいます。

本来、サイトは、その手形を見ること（一覧）ですが、「見てから30日後」のことを「30日サイト」というなど、日本では、徐々に、サイトという言葉そのものが支払猶予期間を意味するようになりました。本当は、支払猶予期間は**ユーザンス**といいます。ただ、実務上、ユーザンスのことをサイトというのはかなり一般的です。ここでそれにしたがいます。ウェブサイトのサイトと区別するために「宛渡」という宛字が使われることもあるようです。

さて、この売上債権の支払猶予期間を BS と PL から逆算しましょう。回収サイトは次の式で計算されます。

$$回収サイト = \frac{売上債権}{売上高} \times 365$$

　表示単位を日数ではなくて月数にしたいときは、365の代わりに12を掛けます。普通、閏年や大の月・小の月は気にしません。売上債権回転期間（回収サイト）は、日数表示のとき、**売上債権回転日数**ともいい、月数表示のときは**売上債権回転月数**ともいいます。

　売上債権は、前期末と当期末の平均を使うこともありますが、当期末の売上債権を使うこともあります。期中平均売上債権を使うと、5年分のデータがあるときでも4年分しか計算できませんが、当期末の売上債権を使えば5年分の計算ができます。

　それに、2ヶ月くらいで回収しているときの前期の売上債権と当期の売上債権の平均が本当に1年間の売上げに対応しているわけではありません。売上げに上昇トレンドがあるとき、期末売上債権を使うと回収サイトの過大評価になり、期中平均売上債権を使うと回収サイトの過小評価になります。売上げに下降トレンドがあるときは、期末売上債権を使うと回収サイトの過小評価になり、期中平均売上債権を使うと回収サイトの過大評価になります。

　四半期決算情報を使って、もう少し正確にすることもできます。2ヶ月程度の回収サイトであれば、四半期報告書で3ヶ月の売上げを計算し、四半期期中平均売上債権か、四半期末売上債権を分子として回収サイトを計算すればかなり正確でしょう。たとえば、4月1日から6月30日までの四半期であれば、期間内の日数は91日

なので、次のようにします。

$$回収サイト = \frac{売上債権}{四半期売上高} \times 91$$

ただ、公表データから計算するかぎり、どこまでいっても近似にすぎないので、ある程度の割切りが必要です。

商品・製品・サービスを販売したとき、代金支払いの条件として「月末締めの翌月末払い」と取り決めたとしましょう。このとき、月末まで平均して15日ありますから、支払い猶予は45日程度です。「月末締め翌月末振り出し90日サイト手形払い」であれば、15日＋30日＋90日で、合計135日になります。

もちろん、現金払いなら、0日サイトです。平均的な会社は、売上げから67日程度で売上債権を回収しています。

売上債権の譲渡と貸倒れ

売上債権については、これが決算書に純額で載っている場合があることに注意しましょう。ここで「純額」というのは、貸倒引当金を引いたあとの金額であるという意味と、手形の裏書額・割引額などの債権譲渡額を引いたあとの金額であるという意味があります。

まず、貸倒引当金というのは、売上債権などの金銭債権（あとでお金を回収できる権利）に対して、お金を支払う人や会社が資金繰りにゆきづまって倒産したりして、お金を回収できなくなることを見越して、その回収不能見込額をあらかじめ費用としたとき、簿記の貸方（右側）に出てくる項目です。もちろん、売上債権を直

接減額することもできますが、それでは売上債権の額面がわからなくなってしまうので、貸倒引当金という項目に入れておくということです。

しかし、回収サイトを考えるときには、貸倒引当金を引く前の額面の売上債権で考えたほうがいいので、貸倒引当金が引かれたあとの売上債権の金額に貸倒引当金の金額を戻し入れたほうがよさそうです。ただ、貸倒引当金の金額は小さいことが多いので、普通はあまり神経質にならなくても大丈夫です。

これに対して、債権譲渡の金額はかなり大きくなることがあります。手形を、銀行などの金融機関に持ち込めば、金利などを含めた手数料は引かれますが、手形の満期まで待たずに現金化することができます。これを手形を割り引くといいます。また、手形の裏にサインして（裏書きして）、その手形を渡すことで、支払いに充てることもできます。これが手形の裏書譲渡です。

最近は、手形になっていない債権をそのまま人に譲ることができるようになりました。いわゆる債権ファクタリングです。また、電子記録債権（でんさい）が普及して、債権の売買が簡単になっています。

こうして売上債権を譲渡すると、見掛け上の売上債権が減ります。これによって、回収サイトが短いという誤った印象を与えかねません。

もちろん、売上債権の譲渡によって、本当に現金を回収しているのだから、回収サイトは短くなって当然だという考え方もありましょう。

しかし、どういう条件で得意先（顧客）と取引して、どれくらいの期間で売上債権を回収しているのかを考え

るときには、譲渡した売上債権は戻し入れたほうがよさそうです。譲渡した売上債権の金額は、有価証券報告書に記載されています。

島精機製作所

回収サイトは、通常は2ヶ月強ですが、会社によっては、1年を超えることもあります。図3-1の島精機製作所の決算書を見てください（貸倒引当金が18億円ほどありますが、売上債権から控除していません。また、買入債務には、いわゆる「でんさい」による電子記録債務を含めています）。

島精機製作所は、和歌山県和歌山市にあるニット機械メーカーです。現在の主力製品は、コンピュータ制御横編機です。売上高620億円のうち、500億円程度が横編機の売上げによるものです。

『日経ビジネス』の記事によると、正確な統計はない

図3-1　島精機製作所・2017年3月期

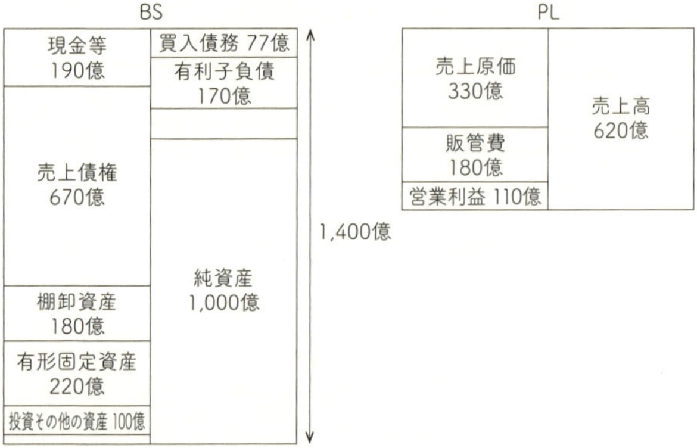

BS

現金等 190億	買入債務 77億
	有利子負債 170億
売上債権 670億	純資産 1,000億
棚卸資産 180億	
有形固定資産 220億	
投資その他の資産 100億	

合計 1,400億

PL

売上原価 330億	売上高 620億
販管費 180億	
営業利益 110億	

ものの、2011年当時、世界シェアの6割以上を占めていると考えられていました。主なマーケットは、売上げの6割を占める中国でした。いわゆる「ニッチ・ダントツ」の会社です（「島精機製作所（ニット機械メーカー）編み機で中国席巻」、『日経ビジネス』2011年3月28日号、52–56ページ）。

島精機製作所は、1995年に、ホールガーメントの開発に成功します。普通のセーターは、右の袖、左の袖、胸側（前身頃）、背中側（後身頃）と4つのパーツを編み、それを縫い合わせて作りますが、ホールガーメントは縫い目なしで、三次元のセーターを編み上げます。ホールガーメントを使えば、裁断や縫製のプロセスがなくなりますから、人件費や材料費が大幅に節約できます。2016年には、ユニクロを運営するファーストリテイリングと共同出資会社を設立し、ユニクロなどにニット製品の提供を始めました。独創性あふれる地方のモノづくり企業といえましょう。

決算書を見ても、比較的少ない有利子負債、分厚い純資産と、優良企業の特徴が見て取れます。原価率は53.5％と低く、営業利益率は18.0％とかなりの高さです。

しかし、島精機製作所の売上債権の比率には驚くべきものがあります。右側の純資産は別とすると、島精機製作所のBSで目立つのは売上債権670億円です。この売上債権は、総資産の47.4％に達します。そして、何と年間売上高の620億円を上まわるのです。つまり、売上債権回転期間は1年を超えて、393日にもなります。

実際、内訳を見ると、回収まで1年以内の売上債権

は350億円、1年超5年以内の売上債権は330億円、5年超10年以内の売上債権が8,700万円です。主な得意先（顧客）が外国企業で、そこに対して長期の売上債権を維持しています。金融として考えても、これはなかなか大変なことです。

島精機製作所は、2015年3月期の特別損失に13億円の貸倒引当金繰入額を計上しています。この特別損失は、インドネシアのニット製品製造業者に対して持っていた売上債権についての損失でした。

島精機製作所の2015年3月期の有価証券報告書には「与信管理および売上債権管理が今後の安定的な成長の重要な課題となるため、本社および子会社を通じた管理体制の強化を進めてまいります」との記載がありました。

2　どれくらい先に回収しているか

前受サイト

「前受サイト」とは耳慣れない言葉です。今、筆者が作ったもので、一般的な言い方ではありません。ただ、何か新しい言葉を作らないといけないような現象があるのも事実です。

たとえば、朝、電車に乗るため駅に行くとしましょう。自動改札機では、ほとんどの人がIC乗車券をタッチしてホームへ向かいます。このIC乗車券は、首都圏近郊であれば、私鉄ではPASMO、JRではSuicaと呼ばれます。他地域では、TOICAとか、ICOCAというように、別の名前で呼ばれています。ここでは、Suicaを例にとります。

クレジットカード機能付きのSuicaは、あらかじめ一定の金額を決めておいて、その金額を下まわると一定金額を自動で入金するようなオートチャージの設定にすることもできますが、クレジットカード機能がないものはオートチャージの設定にすることができません。その代わり、駅の券売機で入金することができます。クレジットカード連動型オートチャージだと話が複雑になるので、ここでは、現金で入金することを考えましょう。私たちが、券売機でSuicaに入金したとき、JR東日本（東日本旅客鉄道）の負債に入金額が前受運賃として計上されます。実際、2017年3月期のJR東日本のBSには、990億円程度の前受運賃が計上されています。

　私たちが電車に乗り、到着した先で電車を降りて、自動改札機にSuicaをかざすと、「ピッ！」という音とともに、JR東日本の前受運賃という負債が、売上げに相当する営業収益に切り替わります。渋谷や新宿などのターミナル駅で、大勢の乗客がSuicaをかざして自動改札機を通り、「ピッ！」「ピッ！」「ピッ！」と鳴るたびに、JR東日本の経理システムは、前受運賃から営業収益に振り替えているのです。楽天のEdy、セブンイレブンのnanacoやイオンのWAONなどの場合も、決済音がするたびに、前受金から売上げに振り替えられます。

　こういった前受金は、将来、売上げなどの収益になる負債ですから、考えようによっては、マイナスの売上債権といえます。そこで、売上げの何日分を前受けしているのかを考えようというのが**前受サイト**です（自分の造語をゴシックにするのはためらわれますが、ゴシックにしてしまいました）。

$$前受サイト = \frac{前受金}{売上高} \times 365$$

　表示単位を日数ではなくて月数にしたいときは、365の代わりに12を掛けます。また、前受金は前期末と当期末の平均を取ることも考えられます。

　ただし、前受金の場合、営業前受金と営業外の前受金が必ず区別されているとはかぎりません。たとえば、2017年3月期に、新京成電鉄は220億円の前受金を計上しています。同社の総資産は850億円、売上げにあたる営業収益は210億円なので、220億円の前受金はかなり大きなものといえます。

　しかし、新京成電鉄は、この前受金について、作りかけの固定資産に含まれる連続立体交差化工事に関係するものと注記しているので、この前受金がいずれ営業収益に変わるわけではなさそうです。このように、前受金は、いずれ売上げなどの営業収益に変わる前受金だけではないようです。前受サイトを計算するにあたっては注意しましょう。

TAC

　ここでは、営業活動についての前受金の例として、「資格の学校」として知られるTACの2017年3月期の決算書を見ましょう（図3-2、満期保有目的の投資有価証券は現金等に足し込んであります）。

　TACは、公認会計士などの資格を取るための講義、答案練習会などを行なう資格試験受験専門学校です。まず、受講申込者に受講料を払ってもらい、これをいった

図 3-2　TAC・2017 年 3 月期

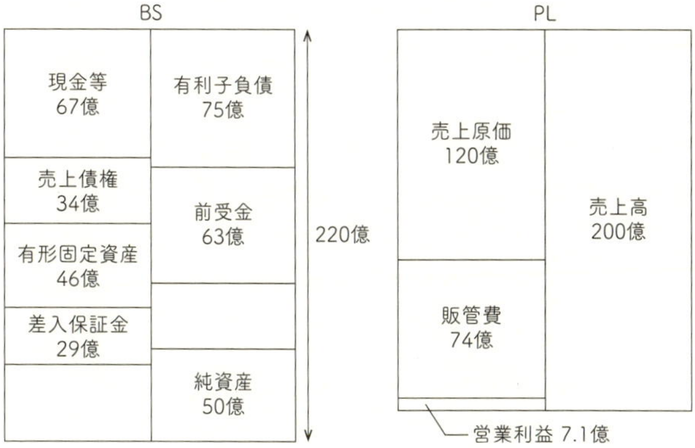

```
BS
現金等 67億    | 有利子負債 75億
売上債権 34億  | 前受金 63億        220億
有形固定資産 46億 |
差入保証金 29億 | 純資産 50億

PL
売上原価 120億 | 売上高 200億
販管費 74億   |
営業利益 7.1億
```

　ん前受金として BS の負債の部に計上します。そして、教育サービスを提供した分を、前受金から売上げに振り替えています。TAC は、将来の売上げになる受講料を先に受け取っているので、この前受金は、いわばマイナスの売上債権と考えることができましょう。前受サイトは、3.7ヶ月、112 日です。

　TAC の場合、売上債権が 34 億円程度あり、回収サイトは、2.0ヶ月、62 日となります。回収サイトと前受サイトの差を考えて、ネットの回収サイトは、マイナス 1.7ヶ月、マイナス 50 日ということもできます。

3　どれくらいで支払っているか

支払サイト

　回収サイトと同じように、**支払サイト**を計算することができます。支払サイトは、**買入債務回転期間**ともいいます。

支払サイトとは、商社や小売業の場合は、商品を仕入れて、その仕入代金を支払うまでの期間のことです。メーカーの場合は、原材料を仕入れて、その仕入代金を支払うまでの期間になります。本当は、買入債務を、その期の仕入額・調達額で割るのがいいのですが、これを計算するのは多少面倒なので、前の年から棚卸資産の金額が大きく変化していないようなら、買入債務を売上原価で割って近似値を得ることができます。

図3-3のとおり、商社や小売業の場合、期首棚卸資産（前期末の棚卸資産と同じ）に当期の仕入原価を足して、そこから期末棚卸資産を引くと、当期の売上原価になります。よって、期首の棚卸資産の額と期末の棚卸資産の額が同じなら、仕入原価と売上原価は同じ金額になります。製造業の場合も、期首の棚卸資産の額と期末の棚卸資産の額が同じなら、製造原価と売上原価は同じ金額です。そこで、棚卸資産が前期とあまり大きく変わっ

図3-3 売上原価の計算方法

期首棚卸資産	売上原価
仕入原価	期末棚卸資産

ていないなら、仕入原価や製造原価の代わりに売上原価で割ってしまっても問題は少ないといえます。

そもそも、メーカーの場合、買入債務になる仕入代金は、基本的に原材料の仕入金額くらいです。工場で働く工員の賃金は、買掛金や支払手形になりませんし、工場の設備投資の未払分も買入債務にはなりません。もともと、メーカーの支払サイトを決算書から逆算しようというのは大雑把な試みなのです。

さらに大雑把な人は、売上原価すら使わず、売上げで割ってしまったりもするようです。トレンドを見るだけならそれで十分なのでしょう。一方、できるかぎり正確にしようと、買入債務の前期と当期の平均を使うこともあります。ただ、回収サイトの計算と同じように、期中平均を使ってもバイアスは残ります。

一般には、

$$支払サイト = \frac{買入債務}{売上原価} \times 365$$

とします。表示単位を日数ではなくて月数にしたいときは、365の代わりに12を掛けます。日数表示のときは**買入債務回転日数**ともいい、月数表示のときは**買入債務回転月数**ともいいます。

図2-2に示されているとおり、平均的な企業の場合、買入債務の比率は12.9％です。売上原価は総資産の81.6％ですから、支払サイトは、1.9ヶ月ないしは58日です。

この平均の数字のサンプルには、商社や小売業だけでなく、メーカーも入っています。すでに説明したとお

り、メーカーの場合、売上原価のすべてが仕入れた商品というわけではありません。よって、平均を計算するときのサンプルにメーカーが入ることによって、見掛け上、支払サイトが短くなっていることには注意する必要がありましょう。

ファミリーマート

また、業種によっては見掛け上の支払サイトが長くなるケースもあります。図3-4で2016年2月期のファミリーマートの決算書を掲げます。ファミリーマートは、2016年9月に、ユニーグループ・ホールディングスと経営統合し、今はユニー・ファミリーマートホールディングスとなっています。すでに2017年2月期の決算書が出ていますが、スーパーのユニーと連結されるとコンビニエンス・ストアの特徴が見えにくくなるので、ここでは、あえて経営統合前のファミリーマートに注目しましょう。

ファミリーマート（ユニー・ファミリーマートホールディングス）、セブン＆アイ・ホールディングス、イオンなど、小売業界では、2月決算が一般的です。

単純に、支払サイトを計算すると、425日となり、1年を超えます。売上原価を超える買入債務があるということです。具体的には、売上原価910億円に対して、買入債務1,100億円となっています。普通に考えれば、支払サイトが異様に長い。

ただ、これについては、決算書の図をながめれば、疑問が解けます。ファミリーマートといえば、日本を代表するコンビニエンス・ストアのフランチャイズ・チェー

ンの1つです。PL の右側、収益の欄を見ると、通常の売上高 1,400 億円のほかに営業収入 2,900 億円があります。このうち、2,500 億円がコンビニエンス・ストアの加盟店からのロイヤリティ収入です。売上高とあるのは、直営店の売上高のみで、フランチャイズ加盟店の売上高は入っていません。この直営店の売上高 1,400 億円に対応する売上原価が 910 億円ということにちがいありません。これに対して、買入債務 1,100 億円は、フランチャイズ本部が加盟店の分の仕入れも行なっているため、見掛け上、多額になっているのではないかと考えられます。

実際、ファミリーマートの 2016 年 2 月期の有価証券報告書を見ると「営業債務である支払手形及び買掛金、預り金等は、概ね 1ヶ月以内の支払期日であります」とあります。

一方、売上債権に相当する未収入金は 530 億円となっていて、買入債務 1,100 億円より少額です。未収入金

図3-4 ファミリーマート・2016 年 2 月期

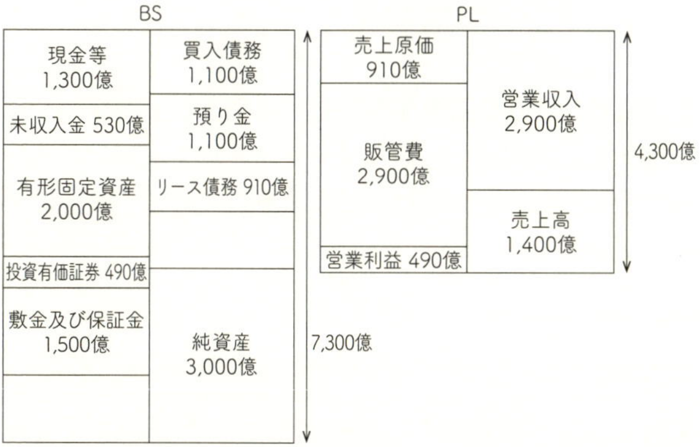

BS		PL	
現金等 1,300億	買入債務 1,100億	売上原価 910億	営業収入 2,900億
未収入金 530億	預り金 1,100億	販管費 2,900億	
有形固定資産 2,000億	リース債務 910億		売上高 1,400億
投資有価証券 490億		営業利益 490億	
敷金及び保証金 1,500億	純資産 3,000億		

BS 合計 7,300億
PL 合計 4,300億

より買入債務のほうが大きいので、売上げの規模が大きくなれば、会社の手許のキャッシュは増えていきます。ファミリーマートの場合は、現金等が1,300億円と年間売上高の金額に近い水準に達しています。コンビニ・チェーンのビジネス・モデルには、規模が大きくなるとキャッシュ・リッチになる構造が埋め込まれているといえそうです。

4　どれくらい先に払っているか

前払サイト

先ほど、マイナスの回収サイトとして「前受サイト」というアイディアを説明しましたが、これと同じようにマイナスの支払サイトとして「前払サイト」というコンセプトを考えることができます。ここで、**前払サイト**というのは、売上原価の何日分を前払いしているのかを示すものです。

基本的に、前渡金（前払金）は商品や原材料購入代金の前払いのはずですが、現実には営業の項目と営業外の項目が分けられていないケースがあるようです。さらに、営業の項目が区別されていたとしても、売上原価になる項目と販管費になる項目とが区別されていないかもしれません。よって、前払サイトを計算する場合、前渡金の性質をよく調べ、解釈をかなり慎重にする必要があります。

テクマトリックス

前払サイトについて考えるにあたって、テクマトリックスの2017年3月期の決算書をながめてみましょう

（図3-5）。テクマトリックスは、かつてのニチメン（現・双日）の営業部門の子会社として設立された会社で、IT関連のソフトウェア、ハードウェア、ソリューションの販売、コンサルティング、保守などのサービスを提供しています。以前は、楽天が3割ちょっとの議決権を持っていましたが、2015年8月に自己株式を買い取り、現在は独立系の会社となっています。

テクマトリックスの決算書で、まず目がいくのは、PLがBSの1.3倍もあることです。そして、BSの中身を見ていくと、キャッシュが55億円、売上債権が40億円のほか、前払保守料が28億円、有形固定資産が12億円、無形固定資産が12億円、投資その他の資産が15億円なので、総資産170億円のうち、物理的なかたちのある資産はほとんどありません。回収サイトは66日、支払サイトは27日です。

ここで、前払保守料28億円と前受保守料44億円に

図3-5　テクマトリックス・2017年3月期

注目します。ソフトウェア・ハードウェアの保守が主要業務の1つですから、顧客から前受けした保守料がかなりの金額（44億円）になっています。前受サイトは74日です。

一方、一部、システムを外注していて、ベンダーに保守料を28億円分前払いをしてもいます。この前払保守料の期限がやってきて実際に保守サービスを受けたときに、その保守料が売上原価になるのか、販管費になるのかはわかりませんが、自社のスタッフ部門の前払保守料で28億円というのは考えにくいので、売上原価になると考えられましょう。前払保守料を売上原価で割って365倍して、前払サイトは71日と計算できます。

5 おカネを払っておカネに戻るまで

キャッシュ・コンバージョン・サイクル

ここまで、商品や製品を販売したり、サービスを提供してから、その代金を回収するまでの期間（回収サイト）や、商品や原材料を仕入れてから、その代金を支払うまでの期間（支払サイト）を説明しました。ここでは、営業を続けていくために必要とされる運転資本が営業活動何日分かを示すキャッシュ・コンバージョン・サイクルについて説明しましょう。

キャッシュ・コンバージョン・サイクル（CCC）とは、回収サイトに棚卸資産回転期間を足して、そこから支払サイトを引いたものです。もっとも、回収サイトや支払サイトをネットの日数で見るために、前受サイトや前払サイトを調整したほうがよさそうです。

CCC ＝ 回収サイト － 前受サイト ＋ 棚卸資産回転期間
　　　－（支払サイト － 前払サイト）

　すでに、回収サイトと支払サイトの説明はしたので、次に棚卸資産回転期間の説明をします。

　売上債権や買入債務が売上げや仕入れを通じて回転するのと同じように、在庫も回転しています。商品・製品・サービスは、販売したあとは売価ベースで考えて売上高で割りますが、棚卸資産はまだ販売前なので原価ベースで考えて売上原価で割るのが適切でしょう。棚卸資産が売上原価の何ヶ月分か、あるいは、何日分かを計算し、この期間のことを、総資産回転期間と同じように、**棚卸資産回転期間**と呼びます。2011年4月期から2016年3月期のあいだの東証1部上場企業の平均棚卸資産回転期間は、1.7ヶ月、51日です。日数で表わすときは、**棚卸資産回転日数**ともいい、月数で表わすときは、**棚卸資産回転月数**とも呼ばれます。

　一方、分子と分母をひっくり返して、売上原価によって、棚卸資産が何回転したのかを表わす数字を**棚卸資産回転率**と呼びます。2011年4月期から2016年3月期のあいだの東証1部上場企業の平均棚卸資産回転率は、7.1倍です（棚卸資産回転期間・棚卸資産回転率の計算においても、前期の棚卸資産と当期の棚卸資産の金額を平均するやり方や売上原価の代わりに売上高で割るやり方があります）。

アップル
　ここで、例として、アップル（Apple Inc.）のCCC

を計算してみましょう。ご存知のように、アップルは、iPhone, iPad, Mac, iPod Touch, Apple Watch, Apple TV といった電子デバイスを開発・販売している会社です。

アップルはアメリカの会社なので貨幣単位はアメリカ・ドルです。総資産 3,200 億ドル・売上げ 2,200 億ドルは、1 ドル＝ 110 円換算で、総資産 35 兆円、売上げ 24 兆円程度です（図 3-6）。営業利益は凄まじく 600 億ドル、つまり、6.6 兆円に達し、営業利益率は 27.8 % にもなります。トヨタ自動車の総資産 49 兆円、売上げ 28 兆円、営業利益 2.0 兆円と比較すると、これがどれくらいの収益性なのか想像できます。総資産、売上げはトヨタ自動車のほうが大きいのですが、営業利益はアップルが 3 倍以上です。

最近は、iPhone の技術革新が緩やかになり、これほどの高収益体質が今後どれだけ維持できるかについては議論になるところですが、過去十数年間、世界中でもっ

図 3-6　アップル・2016 年 9 月期

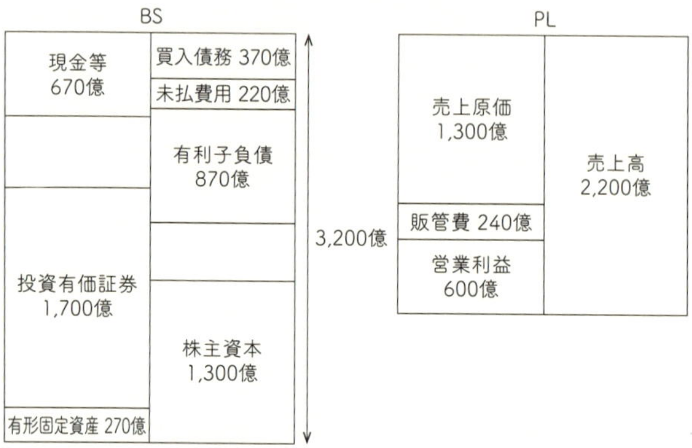

BS	
現金等 670億	買入債務 370億
	未払費用 220億
	有利子負債 870億
投資有価証券 1,700億	株主資本 1,300億
有形固定資産 270億	

総計 3,200億

PL	
売上原価 1,300億	売上高 2,200億
販管費 240億	
営業利益 600億	

とも革新的な企業の1つであったことは間違いありません。

総資産 3,200 億ドルのうち、1,700 億ドルを占める投資有価証券は、形式的には長期投資になっていますが、そのほとんどは社債や米国債といった債券であって、実態はキャッシュと変わりません。満期まで保有するから投資扱いになっているだけです。アップルは、2,400 億ドルのキャッシュを持っていると考えられます。

ひとくちに 2,400 億ドルといいますが、これは1ドル＝ 110 円換算で、26 兆円を超えます。2016 年9月末のトヨタ自動車の時価総額が 20 兆円弱、ホンダの時価総額が 5.2 兆円ですから、トヨタとホンダの時価総額合計より大きい。あるいは、当時のシンガポールの外貨準備高より大きく、イギリスとカナダの外貨準備高の合計と同程度といいましょうか。いずれにせよ、とんでもない金額です。

アップルの場合、投資有価証券の金額が大きすぎて、ビジネスに必要な事業資産の金額が小さくなり、普通に決算書の図を描いたのでは、その内訳がよくわかりません。そこで、現金等 670 億ドル、投資有価証券 1,700 億ドル、有利子負債 870 億ドル、株主資本 1,300 億ドルを取り除いた BS の図を描いてみます。図 3-7 を見てください（PL が大きいので、縮尺を調整しています）。

アップルには、売上債権 160 億ドルのほか、仕入先債権 140 億ドルがあります。仕入先債権とは、聞き慣れない名前で、普通は、あまり見掛けません。仕入先に原材料や製造設備を提供することがあり、仕入先に（買掛金ではなく）債権を持っているようです。

図3-7　金融資産負債を調整したアップルの決算書

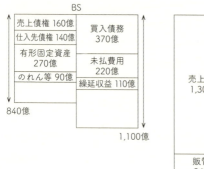

　これは、製造を外部委託する場合に出てくる債権です。東芝の会計不正において、バイセル取引として有名になりました。製品の組立てを委託する先に、別途仕入れたパーツ類を売却し、あとで完成品をそれを上まわる価格で買い取るという仕組みです。

　東芝は、パーツ類を5倍を超える価格で売却し、期末に製造委託先に押込販売をすることで利益操作をしていました。ただ、バイセル取引自体は不正でも何でもなく、ごく一般的に行なわれている取引です。こうしたバイセル取引によって生じた製造委託先（仕入先）に対する債権でしょう。

　アップルといえば、スマートフォンやタブレット、コンピュータを製造しているメーカーというイメージがあ

ると思いますが、有形固定資産は270億ドルとあまり大きくはありません。これは、台湾の鴻海科技集團（ホンハイ、フォックスコン・グループ）などの電子機器受託生産（EMS）の企業に製造委託をしており、自社で工場を持っていないからです（鴻海は、台湾の企業ですが、主な製造拠点は、中国本土にあります。近年、シャープを買収したり、東芝メモリの買収に名乗りを上げたりして日本国内でも有名になりました）。

IT関連産業においては、設計・開発のような川上部門と販売のような川下部門と比べて、中間の製造部門（ものづくり）の利益率が低いことが知られています。これは、設計・開発、製造、物流、販売など、バリュー・チェーンを横軸に取り、付加価値を縦軸に取ると、ちょうど人が笑ったときの口のかたちに似たカーブになるので、俗に**スマイル・カーブ**と呼ばれます。図3-8を見てください（日本では、スマイル・カーブといいますが、英語ではスマイリング・カーブといいます）。

アップルは、価値創造の大きな川上部門と川下部門に集中し、あまり価値を生まない製造プロセス（ものづくり）を外注しているということです。同じパターンは、高収益で知られる日本のキーエンスでも見られます。基本的に自社で工場を持っていないので、有形固定資産が小さいのです。

しかし、これでは、アップルのベンダーは**ホールドアップ問題**に悩まされます。ホールドアップ問題というのは、すぐに回収することが難しい投資をすると、取引相手の交渉力を強めてしまう問題のことです。鴻海などのベンダーがiPhoneなどのアップル製品専用の製造設備

図3-8　スマイル・カーブ

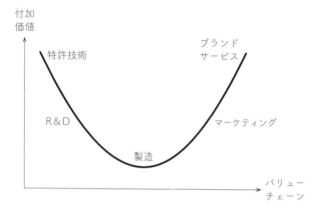

　に投資をすると、アップルの契約が取れないときにアップル製品専用の設備がムダになってしまいます。設備がムダになることを避けようとすれば、安値で受注せざるをえなくなりましょう。そして、鴻海などのベンダーは、そのことについて投資をする前に気がついて、アップル製品専用の設備投資に消極的になるはずです。こうなると、アップルは、十分な量の製品を発注できなくなってしまいます。

　そこで、汎用性の低いアップル製品専用の設備投資については、ある程度、アップルが肩代わりをして、これをベンダーに貸し出しているのです。それが、工場がなくともある程度、有形固定資産がある理由です。

　また、近年、いわゆるクラウド・ストレージが一般的になり、アマゾンなどのIT企業も有形固定資産が増えてきています。アップルもiCloudというクラウド・サ

ービスを提供していますので、そのための有形固定資産も含まれていましょう。

ここで、アップルを取り上げたのは、アップルがCCCを経営指標として採用しているという日本経済新聞の記事があったからです（「CCC、資金回収スピード―アップル復活の礎に」、『日本経済新聞』、2012年1月17日）。一時期、経営危機に陥ったアップルは、CCCに着目して経営再建を果たしました。営業赤字に陥った1996年度のCCCは70日でしたが、スティーブ・ジョブズ氏がCEOに復帰してからは、アップルのCCCは改善していきます。2000年以降は、CCCは安定的にマイナスを維持しています。

ここで、アップルのCCCを計算してみましょう。回収サイトは27日、棚卸資産回転期間はわずか6日です。決算書の図に棚卸資産が見えないことからも在庫の少なさがわかります。

しかし、いわゆるバイセル取引によって、ベンダーに対する債権が140億円あります。これは、あとでこれを上まわる金額で買い戻すという意味で在庫と同じ性質を持っています。製品販売前ということで、売上原価で割り戻すと、これが38日分に相当します。一方、支払サイトは104日です。

これは、「速攻回収、支払いゆっくり」の典型的なパターンで、CCCはマイナス33日です。運転資本がマイナスなので、ビジネスが拡大すればするほど、手許にキャッシュが貯まっていきます。

アップルの2,400億ドルものキャッシュは、iPhoneなどの大成功によるものですが、CCCがマイナスであ

ることからわかるとおり、もともと、手許にキャッシュが貯まりやすい体質でもあるのです。

第4章 利幅とスピードと借金の力

1 売上高利益率(ROS)

　会社の目的は、価値を生み出すことです。簡単にいえば、時価総額を大きくすること、つまり株価を上げることが会社の究極の目的です。株価を上げるためには、将来にわたって大きな利益を稼ぎ続けることが重要になります。将来、大きな利益を稼ぐ会社の多くは、今も大きな利益を稼いでいましょう。したがって、今、どれだけ大きな利益を稼いでいるのかは、会社を評価するときに重要視されます。

　しかし、会社によって、ビジネスの規模が違います。大きい会社の利益は大きくなりがちです。そこで、大きさを調整して、利益率を計算します。会社の大きさは、普通は年商、つまり年間の売上高で測ります。年間の売上高を会社の規模を表わす尺度として使えば、その会社が大きさのわりに稼いでいるかどうかがわかります。そこで、利益を売上高で割った利益率で会社を評価することがあります。

　すでに説明したとおり、売上高に対してどれだけの割合の利益が出ているかを**売上高利益率**といいます。売上高で割るのはあまりに一般的なので、たんに**利益率**といった場合も普通は売上高利益率を指します。

$$売上高利益率 = \frac{利益}{売上高}$$

　また、売上高利益率のことを英語で Return On Sales というので、**ROS** と略します。

　分子の利益は、粗利益(売上総利益)や営業利益を使

うのが一般的です。粗利益を売上高で割ったものを粗利益率、営業利益を売上高で割ったものを売上高営業利益率、営業利益率などといいます。物販やサービス提供の規模である売上げのうち、売上原価を超える粗利がどれくらいあるのかを見るなら粗利益率が適切で、本業の商(営業収益)に対して、どれくらい本業の稼ぎ(営業利益)が出ているかを見るなら営業利益率が適切です。

ほかの条件がまったく同じ会社同士を比較するのなら、ROSが大きい会社のほうが業績のいい会社だと考えられます。

しかし、ROSだけでは、会社が本当に儲かっているかどうかを判定するのに十分ではありません。たとえば、東都水産のようにROSは低くとも、売上げの絶対額が大きければ、利益の額は大きくなります。また、売上高利益率自体は高くとも、売上げが小さければ、利益の絶対額は大したことはありません。

薄利多売のビジネス・モデルでは、売上高は非常に大きいのですが、利益は小さいので、ROSは小さくなります。薄利多売の反対(厚利少売?)では、売上高は小さくとも利幅が厚いので、ROSは大きくなりましょう。薄利多売か厚利少売かは、ビジネス・モデルの違いであって、どちらかが望ましいというものではありません。どちらがいいかは時と場合によります。

2 投下資本利益率(ROI)

やはり、売上高と比較するのではなく、投資した元手と比較して、どれだけ儲かったかを考えるのが基本で

す。投資した元手のことを**投下資本**といい、投下資本に対する利益率のことを**投下資本利益率**といいます。英語で、Return On Investment というので、**ROI** と呼びます。

$$\text{ROI} = \frac{\text{利益}}{\text{投下資本}}$$

ROI が最初に考案されたのは、1920 年代のデュポン (DuPont) という企業の社内レポートでした（デュポンは、2017 年 9 月に、ダウ・ケミカル (Dow Chemical) と経営統合してダウ デュポン (DowDupont Inc.) となりました）。デュポンはもともと弾薬メーカーでしたが、徐々に多角化が進み、いろいろな事業部門でいろいろなものを作るようになりました。私たちの暮らしの中にも、ナイロンやフライパンのテフロン加工など、デュポンが開発したものがあります。医療用機器向けのプラスチックから化粧品まで幅広く作っている企業、いわゆる**コングロマリット**です。コングロマリットにおいては、違う製品を作っている違う事業部門の業績と比較する必要が出てきます。投資の優先順位や撤退の意思決定をするためです。

しかし、デュポンのようなコングロマリットは、異なる製品を作っている部門同士をどのように比較したらいいのでしょうか。規模も違えば、利益の絶対額も違います。さらには、投資先の国の企業をパートナーとして合弁会社を作っていたりするなど、投資の形態も一様ではありません。資本だけを拠出しているケースもあれば、投資先に融資している場合もあれば、ライセンス契約を

結んでロイヤリティを受け取っている場合もあります。そこで、デュポンが投資した金額（投下資本）を基準にして、そこからどれだけ効率よく利益を稼ぎ出しているかを考えるのがROIです。

ここでいう「利益」は、投資先の事業部門・合弁会社などが稼いだ利益のうち、デュポンに帰属する部分です。3割の持分しかなければ、稼いだ利益の3割です。ただし、「投下資本」の中に融資が含まれていれば、「利益」の中には投資先からの受取利息も含まれます。また、ライセンス契約を結んでいてロイヤリティを受け取っていれば、受け取ったロイヤリティも利益に含めるべきでしょう（このトピックを扱ったハーバード・ビジネス・スクールのケースがあります。ウィリアム・J・ブランズ゠ロジャー・アサートン著、太田康広翻訳監修「ウェスタン・ケミカル・コーポレーション：事業部業績測定（A）」、日本ケースセンター、オリジナル版1995年10月、改訂1999年1月、翻訳版2011年5月）。

これによって、ROIが30％の事業、25％の事業、18％の事業など、各事業の収益力に順序を付けることができるようになります。もちろん、今は赤字でも将来大化けする可能性のある事業もあるので、単純に数字の大小で比較することには慎重でなければなりませんが、一般論としては、ROIが高い事業ほど、経済効率の高い事業なので、今後とも継続する価値が高いものといえましょう。

企業全体の投下資本利益率を考えるときは、分母は、会計上の**資本**です。分母に使われる資本にはいろいろなものがあります。そして、分母に使われる資本と連動し

て、それに応じた利益が分子に使われます。投下資本利益率を計算するときには、分子と分母の意味をそろえておくことが重要です。

ここまで、できるだけ避けてきましたが、ここでどうしても、資本の種類と利益の種類を整理する必要が出てきました。ここからあと、しばらくのあいだ、この章の内容は少し難しく、そして単調になります。よくわからなくなったら、ザッと斜め読みして5節へいってください。5節よりあとはそれほど難しくはありません。

3 PLの構造

営業損益計算

会計上の資本をいろいろ説明する前に、それに対応する利益を説明しておいたほうがわかりやすいと思います。ここでは、PLの構造と、どういう順番でいろいろな利益が計算されているのかを整理しておきましょう（図4-1）。

まず、本業の収益を**営業収益**といいます。これが、物販（商品・製品の販売）やサービス提供の対価の場合は、売上高と呼ぶのが一般的です。

売上高から、売上原価を引いて、**売上総利益**を計算します。売上総利益は、**粗利益**ともいいます。この売上総利益から、さらに**販売費及び一般管理費**を引くと**営業利益**になります。販売費及び一般管理費は名前が長いので、**販管費**と略すのが一般的です。

売上原価と販管費を合わせて営業費用といいます。もっと正確にいうと、**営業費用**とは、企業の本業に関係する費用のことです。営業利益は、売上げから売上原価と

図 4-1　PL の構造

販管費を引いたものですが、営業収益（売上げ）から営業費用を引いたものということもできます。

なお、卸売業や小売業の場合、商品の仕入れにかかった費用を**仕入原価**といい、それ以外の営業費用を販管費とします。メーカーの場合、当期発生した営業費用のうち、工場の中で発生したものを**製造原価**といい、工場の外で発生したものを販管費とします。

ただ、ちょっとわかりにくいのですが、当期発生した営業費用のすべてが当期の営業費用になるわけではありません。当期までに発生した営業費用のうち、当期の売上げに対応する部分だけが、当期の営業費用になります。

前にも説明しましたが、仕入原価や製造原価は、普通、売上原価と同じ金額にはなりません。当期仕入れたモノをすべて当期売るとはかぎらないし、当期売ったモノがすべて当期仕入れたモノとはかぎらないからです。

同じように、当期作ったモノをすべて当期売るとはかぎらないし、当期売ったモノがすべて当期作ったモノとはかぎりません。期末に調整が必要です。当期売ったモノに対応する仕入原価・製造原価が売上原価となり、あまった残りは、BSの棚卸資産の欄に計上されます。

経常損益計算

経常利益は、その企業が毎年毎年これくらいは稼ぐだろうという利益獲得能力を評価するのに役に立つ指標です。1回こっきりの異常な損益は計算から除かれます。具体的には、営業利益に、本業以外の収益である**営業外収益**を足して、本業以外の費用である**営業外費用**を引くと**経常利益**になります。

ここで、営業外とされる収益や費用の項目にはいろいろなものがありますが、ざっくりいってしまえば、金融収益、金融費用です。つまり、経常利益は、「本業＋金融」の業績を表わします。

一般に、メーカーなどの事業会社は、バブル期は別として、財テク（死語？）などの余資運用（あまったお金の運用）を激しくやることはあまりありませんから、金融収益はそれほど大きくないのが普通です。それに対して、利息を支払うような借金がある会社はかなりあります。よって、金融費用はある程度ある会社が多く、経常利益は営業利益よりも小さくなることが多い。

それでも、たまに経常利益のほうが営業利益よりも大きいケースがあります。つまり、営業外収益が営業外費用よりも大きい。こういうケースでは、たいていの場合、大きな持分法利益が計上されています。関連会社の

利益のうち、連結財務諸表を作成する会社に帰属する部分を収益計上するのが持分法利益です。これが営業外収益に計上されます（なお、持分法損失は営業外費用です）。よって、関連会社がたっぷり儲けたときは、営業利益より経常利益が大きくなるなんていうことも起こります。

純損益計算

経常利益に、特別利益を足して、特別損失を引くと**税金等調整前当期純利益**となります。いわゆる**税引前利益**です。

ここで、**特別利益**というのは、毎年毎年繰り返し生じるわけではない、1回こっきりの利益のことです。たとえば、戦前から都心に社員寮を持っていて、これを売却したときに多額の固定資産売却益が出たりした場合、これは特別利益となります。

一方、**特別損失**は、毎年毎年繰り返し生じるわけではない、1回こっきりの損失のことです。たとえば、倉庫が火事になり、多額の棚卸資産と有形固定資産が損害をこうむったので、それらの帳簿価額を切り下げる場合に出る損失などです。

税金等調整前当期純利益から、法人税等合計を引くと**当期純利益**です。

親会社株主利益と非支配株主利益

当期純利益は、さらに**親会社株主に帰属する当期純利益**と**非支配株主に帰属する当期純利益**とに分かれます。長いので、それぞれ、**親会社株主利益、非支配株主利益**

ということにしましょう。

ここで、非支配株主利益は、非支配株主持分に割り当てられる当期純利益です。そして、**非支配株主持分**というのは、子会社の外部株主の持分のことです。たとえば、ある会社の議決権の70％を保有していたとしましょう。この会社のBSには、100億円の現金預金が計上されていたとします。そのうちのいくらを連結BSに計上すべきでしょうか。

議決権の70％を持っている会社が100億円の現金預金を持っているのだから、70億円を連結BSに載せるべきだという考え方があります。これを**比例連結**または**部分連結**といいます。比例連結は、そのBS項目のどれだけが親会社株主に帰属するかを基準とした考え方です。

一方、議決権の70％を押さえていれば、その会社の首根っこを完全に押さえることができ、自社の意向どおりにコントロールすることができます。よって、現金預金100億円は丸ごと支配しているといえましょう。このように支配しているかどうかに着目して、100億円全部を連結する考え方を**全部連結**といいます。

現在のルールでは、支配している子会社は全部連結することになっています。ざっくりいえば、子会社BSを時価評価してそのまま足し込み、子会社株主資本のうち親会社株主に帰属する部分と子会社株式を相殺したときの差額が**のれん**になります。一方、子会社株主資本のうち非支配株主に帰属する部分が非支配株主持分です。あとは非支配株主持分に非支配株主利益を足していきます。要するに、非支配株主持分は、子会社の外部株主の

持分です。

数年前まで、非支配株主持分は少数株主持分といわれていました。会社を支配していない株主はマイノリティ（少数株主）だったからです。少数株主持分というのは長いので、以前は「ショーモチ」と略していました。筆者は、非支配株主持分は「ヒシモチ」と略すのがいいのではないかと提案していますが、今のところ、あまり普及していません。

数年前まで、親会社株主利益のことを当期純利益と呼んでいました。同じ「当期純利益」という名前でも意味が違うので注意しましょう。

包括利益の計算

以前は、PLの最後は当期純利益でしたが、最近は、包括利益にしても構いません。

1. 損益計算書と包括利益計算書の2計算書方式
2. 損益及び包括利益計算書の1計算書方式

のどちらかを採用することになっていますが、多くの企業では損益計算書（PL）と包括利益計算書を別に作っているようです。包括利益は、一時期と比べると注目されなくなりましたが、導入された当初はかなり話題になりました。

ここで、**包括利益**というのは、純資産の増減額のうち、新株発行や配当のような出資者とのやりとりを除いたものです。つまり、

期末純資産 ＝ 期首純資産 ＋ 包括利益 − 配当

という関係が成り立ちます（出資はマイナスの配当と考えます）。この式が表わす関係を**クリーン・サープラス関係**といいます。クリーン・サープラス、つまり、綺麗(きれい)な剰余金だけしかないという意味です。ここで、**クリーン・サープラス**といっているのは、一度、利益に計上されてから純資産に計上される剰余金のことです。包括利益を基準に考えると、綺麗な剰余金しかなく、クリーン・サープラス関係が成り立っています。

　実は、以前は、今の当期純利益を基準としても、親会社株主の持分と非支配株主持分の合計に対してほぼクリーン・サープラス関係が成り立っていました（例外は、在外子会社の連結による為替換算調整勘定だけでした）。個別財務諸表については、当期純利益を基準として完全なクリーン・サープラス関係が成り立っていました。

　しかし、当期純利益を基準にしてクリーン・サープラス関係を成り立たせようとすると、BSとPLのどちらか一方が現実離れしてしまいます。

　たとえば、営業活動に与える影響を考慮して、ある会社の株式を少しだけ持っていたとしましょう。これは、余ったおカネを運用しているわけではないので、その会社の株価が上がったからといって売却して値上がり益を得るつもりは基本的にありません。売るつもりがなければ、株を売って値上がり益を確定させることもないため、値上がり益は絵に描いたモチにすぎません。これを当期純利益に入れるのは誤解を招きやすい。

　しかし、この値上がり益を利益に入れなければ、BS上の株式の評価額は買ったときの値段（取得原価）のま

まに据え置かれます。これでは、株式のBS上の評価額が株式の時価とどんどん離れていってしまいます。

つまり、当期純利益についてクリーン・サープラス関係を維持すると、意味のあるPLと意味のないBSを作るか、意味のないPLと意味のあるBSを作るかのどちらかを選択しないといけなくなります。PL立てればBS立たず、BS立てればPL立たずなのです。

そこで、当期純利益については、クリーン・サープラス関係をあきらめて、ある意味、ズル（？）をした汚い剰余金（ダーティ・サープラス）を認めることになりました。一部の項目について、BS表示金額を適正化する代わり、そのBS金額の変動分を利益に入れず、資本に直入する「裏口入学」を認めるわけです。

この資本直入される汚い剰余金の一部を「その他の包括利益累計額」といい、当期純利益をバイパスした利益のことを「その他の包括利益」といいます。もう少し正確にいうと、**その他の包括利益**は、包括利益のうち当期純利益でない部分のことをいいます。**その他の包括利益累計額**は、過去または現在の包括利益であって、まだ当期純利益に振り替えられていない部分のうち親会社株主に帰属する部分です。英語で、その他の包括利益はOther Comprehensive Income、その他の包括利益累計額はAccumulated Other Comprehensive Incomeというので、それぞれOCI、AOCIと略すことがあります。

当期純利益が、親会社株主利益と非支配株主利益に分けられたように、包括利益も、親会社株主に帰属する部分と非支配株主に帰属する部分とに分けます。親会社株主に帰属する包括利益を**親会社株主に係る包括利益**とい

図 4-2　当期純利益と包括利益の分類・整理

当期純利益	親会社株主利益	包括利益	親会社株主包括利益
	非支配株主利益		
	その他の包括利益		非支配株主包括利益

い、非支配株主に帰属する包括利益を**非支配株主に係る包括利益**といいます。長いので、それぞれ、**親会社株主包括利益**と、**非支配株主包括利益**と呼ぶことにしましょう（図4-2）。

4　6つの資本概念

資本の種類

　日本の企業会計上、**資本**のコンセプトは6つあります。資本金、拠出資本（払込資本）、株主資本、自己資本、純資産、総資本です。純資産だけ「資本」という名前がついていませんが、ここでは便宜上、資本の仲間に入れておきます（図4-3）。

資本金

　まず、**資本金**です。株式会社の資本金は、会社法445条1項で定められています。株式会社の設立や新株の発行にあたって、株主になろうとする人が現金等を払い込んだり、その他の資産を給付したりします。この財産

図4-3 資本の概念

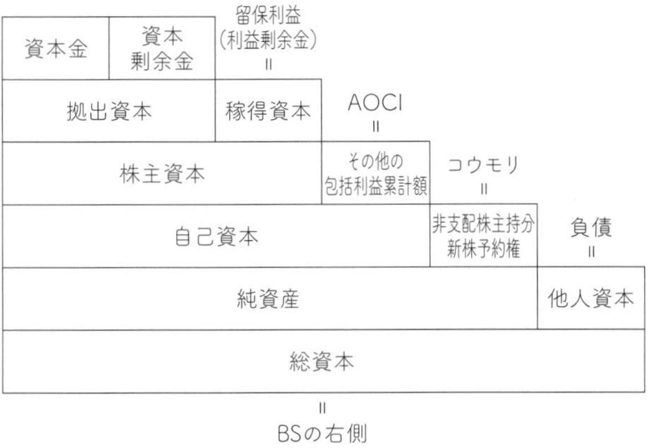

```
┌─────┬─────┬留保利益──────┐
│資本金│資本 │(利益剰余金)  │
│     │剰余金│    ‖        │
├─────┴─────┼──────┬AOCI──┤
│  拠出資本   │稼得資本│  ‖  │
├───────────┴──┬───┴──────┤コウモリ
│   株主資本      │ その他の  │  ‖
│                 │包括利益累計額│
├────────────────┴──┬───────┤非支配株主持分│負債
│      自己資本          │       │新株予約権  │ ‖
├──────────────────────┴───────┴───────┤他人資本
│                純資産                       │
├─────────────────────────────────────────────┤
│                総資本                       │
└─────────────────────────────────────────────┘
              ‖
           BSの右側
```

の額は、基本的に資本金とされます。

会社法制定以前は、ただ「資本」とだけ書かれていたので、ほかの資本と区別するために「法定資本」と呼び、BS上は「資本金」としていましたが、会社法では、法律上も「資本金」となりました。

拠出資本

会社の設立や新株の発行にあたって株主が拠出した元手のことを**拠出資本**といいます。不動産の現物出資などの例外を除くと、ほとんどの資本拠出は現金等の払込みによって行なわれるので、**払込資本**ということもあります。

この拠出資本のうち、半分までは資本金としないことができます(会社法445条2項)。資本金にしなかった部分は**資本剰余金**としなければなりません。

また、自己株式の売却益も資本剰余金です。自社発行の株式を購入した場合、これは実質的に減資と同じです。また、保有していた自社株を売却した場合には、株式の新規発行と実質的には変わりません。したがって、自己株式の売却益は、拠出資本にあたります。

　このほか、企業の合併などの組織再編のときに増加した資本のうち、資本金に組み入れなかった額も拠出資本です。

　拠出資本は、株主が拠出した元本たる資本です。会社は、これを元手に利益を上げていきます。

株主資本
〈留保利益と稼得資本〉

　次に、拠出資本を元手に、会社が稼いだ（稼得した）利益のうち、配当されなかった部分を考えます。

　配当されずに、手許に留保された利益なので、**留保利益**と呼ばれます。BS上の科目名は**利益剰余金**です。また、留保利益は、いったん留保されると、次の期には利益を稼ぐための元手になります。利益を稼ぐための元手ということは資本ということです。そこで、これはかつて稼いだ（稼得した）資本という意味で、**稼得資本**と呼ぶこともあります。

　拠出資本に稼得資本を加えたものを**株主資本**といいます。

〈株主集団としての株式会社〉

　ただし、会社が自社の株式、つまり自己株式を購入した場合、これを株主資本のマイナスとします。

日本では、会社をそこで働いている「社員」の集まりと考える傾向があります。ここでいう「社員」は、会社に雇われている従業員のことです。しかし、実は従業員は会社の「社員」ではありません。少なくとも法律上は、会社の「社員」というのは出資者のことです。

　会社は営利社団法人です。社団というのは人が集まったグループで、法人というのは法律上「ヒト」として権利義務の主体となるものです。

　たとえば、3人のグループで一緒にビジネスを始めたとしましょう。契約には3人がともにサインして、不動産は3人の名前で登記していました。そして何十年か経ち、3人のうちの1人が、自分のビジネスを娘に譲りたいと言い出したとします。娘への事業承継のためには、すべての契約書、不動産登記を娘の名前でやり直す必要が出てきます。

　これは、数十年に1回のことであれば大した手間ではありません。しかし、グループのメンバーが千人、1万人となり、毎日、何人、何十人ものメンバーが入れ替わるとなると、現実には対応できなくなります。メンバーが交替するときの事務コストが大きすぎて不都合です。

　そこで、人間の集まりであるグループは「ヒト」ではないけれど、あたかも「ヒト」であるかのように契約をしたり、モノを所有したりできるように人間扱いしたのが社団法人です。この社団法人のうち、利益を稼いでメンバーに分配するのが、営利社団法人、つまり**会社**です。

　ここで重要なのは、会社のメンバーは、従業員ではな

くて、出資者だということです。株式会社ならメンバー（社員）は、株主ということになります。株主集団に法人格を与えて、法律上は人間扱いするのが株式会社です。

会社が株主の集団であってみれば、会社が株主と取引しても、株主集団全体としての会社は儲かりません。たとえていうと、子供が家のお手伝いをして、お小遣いをもらったとしても、家計の収入が増えないのと同じです。

つまり、会社が自己株式を売買して利益が出たとしても、それは株主のあいだの富の分配が変わっただけで、株主集団全体としては儲かったわけではないのです。

株式会社が、自己株式を購入したときに支払った額は、その株式を手放して、会社のメンバーをやめた人が受け取った分配額です。次に、その会員権（株式）をもっと高い値段でほかの人に売ると、自己株式売却益が出ます。この自己株式売却益が新しい株主からの拠出資本にあたると考えるのは自然でしょう。

〈自己株式はどの資本のマイナスか？〉

問題となるのは、会社が自己株式を購入したとき、どの資本のマイナスとなるかです。

考え方の1つは、拠出資本の払戻しというものです。新株発行で株主に渡した自己株式の対価が拠出資本になるのだから、自己株式を取得して株主に返した金額は拠出資本の払戻しにあたるということでしょう。

別の考え方は、株式を会社に売り渡すことで、株主は、将来、配当を受け取る権利も放棄するわけだから、

拠出資本だけでなく留保利益も同じように減らすべきだというものです。

また、別の考え方として、会社が株式市場に一定のおカネを払い戻すという意味で、実質的には配当と同じであるという考え方です。この場合、株式を売却した株主以外はおカネを受け取りませんが、株式を売却した株主は将来配当を受け取る権利を失いますから、その他の株主は、その分、将来の配当を受け取る権利が濃くなります。この場合は、稼得資本（留保利益）の払戻しということになりましょう。

制度上は、会社が自己株式を買ったとき、どの資本から払い戻されたと考えるのか、きちんと指定してはいません。しかし、拠出資本か稼得資本のどちらかであることは間違いないので、拠出資本と稼得資本の合計である株主資本から控除することになっています。

ここで説明した株主資本は親会社株主利益に対応した資本概念です。つまり、親会社株主利益を基準としたときに、株主資本を資本概念として採用すると、クリーン・サープラス関係が成り立ちます（新株発行はマイナスの配当とし、自己株式取得は配当と考えています）。

期末株主資本 ＝ 期首株主資本 ＋ 親会社株主利益 － 配当

総資本、他人資本と自己資本

自己資本というのは、もともとは他人資本に対する概念でした。**他人資本**というのは、株主以外の人から調達した資本、つまり負債のことです。

昔から、BSの右側全体を「資本」と捉えて、これを

図 4-4　BS の別の見方

総資本とする考え方がありました。この総資本を、株主に帰属する資本から区別するため、総資本には、自分（株主）から調達した自己資本と他人（株主以外）から調達した他人資本があると整理したのでした。この意味における自己資本は、次に説明する純資産と同じ意味です。

総資本 = 自己資本 + 他人資本

　BS の右側は、企業の資産がどのようなかたちでファイナンスされているかという資金の調達源泉を表わし、BS の左側は、そうやってファイナンスされた資金が具体的にどのようなかたちで運用されているのかという資金の運用形態を表わしていると考えられます。このとき、BS の右側、資金の調達源泉のことを総資本といい、BS の左側、資金の運用形態のことを総資産というわけです（図 4-4）。

東証の「自己資本」

 しかし、総資本を自己資本と他人資本とに分けるという考え方とは別に、東証が上場廃止基準や利益率の算定で使う自己資本という概念があります。東証のいう**自己資本**とは、純資産のうち、非支配株主持分、新株予約権を除いたものです。非支配株主持分の説明はすでにしたので、次に新株予約権の説明をしましょう。

〈新株予約権〉
 新株予約権というのは、簡単にいうとストック・オプションのことです。つまり、将来の一定期日に、あるいは、将来の一定期日までに、その会社の株式を一定の条件で買う権利のことです。昔は、社債のオマケとして発行していましたが、今は新株予約権だけで発行できるようになりました。
 新株予約権を持っている人を出資者と見るか債権者と見るかについてはいろいろと意見があります。新株予約権が行使されるなら、新株予約権の金額は払込金額とともに拠出資本になりましょう。一方、新株予約権が行使されないなら、新株予約権の金額は特別利益になります。

〈自己資本とは〉
 先ほど、自己資本は、純資産から非支配株主持分と新株予約権を引いたものだといいました。反対側からいうと、自己資本は、株主資本にその他の包括利益累計額(AOCI)を加えたものです。

自己資本 ＝ 純資産 － 非支配株主持分 － 新株予約権
　　　　　＝ 株主資本 ＋ AOCI

　あとで説明する東証方式のROEの分母に使われるのがこの自己資本です。また、東証は上場廃止の基準の1つに債務超過を挙げていますが、この債務超過かどうかはこの自己資本がマイナスかどうかによって判定することになっています。

純資産

　東証の定義する特殊な意味の「自己資本」は別にして、昔から株主に帰属する部分のことを「自己資本」、あるいはたんに「資本」といってきました。しかし、昔から、負債に分類したほうがいいのか、資本に分類したほうがいいのか迷う項目があったのも事実です。

　イソップの寓話に『卑怯なコウモリ』というのがあります。獣の一族と鳥の一族が争っていたときに、コウモリは、獣が優勢になると獣の仲間だと主張し、鳥が優勢になると鳥の仲間だと主張したという話です。

　これと同じように、ときには負債だといわれ、ときには（自己）資本だといわれる項目がありました。それが、今の非支配株主持分と新株予約権です。

　非支配株主持分は、将来、おカネを返済したり、何かを提供したりする義務ではありません。たとえば、有利子負債は、将来、元本を返済しないといけませんし、前受金であれば商品・製品やサービスを提供しなければなりません。しかし、非支配株主持分はそういうものではないので、負債ではないということになります。

一方、新株予約権は、条件次第で、将来、自社の株式を引き渡す義務です。義務ではあるのですが、引き渡すものが自社の株式であって資産ではないので、やはり負債の定義に合いません。

このように、非支配株主持分も新株予約権も負債ではないと整理されます。しかし、親会社の株主に帰属するものでもないので、自己資本でもありません。獣でも鳥でもないイソップ寓話にいうコウモリのような扱いになっていました。負債にしたり、中間的な取扱いをしたりといろいろなやり方を試したあと、負債ではないけれど、自己資本でもないので、純資産だという仕切りになりました。

つまり、**純資産**は、資産から負債を引いたものです。自己資本でなくても、負債でなければ、純資産に分類されます。

5 株主資本利益率（ROE）

普通のROE

ここまでで、投下資本利益率を計算するのに必要な分子の利益と分母の資本をすべて説明したので、投下資本利益率の実例を説明します。投下資本利益率にはいろいろなものがありますが、まず株主資本利益率を説明しましょう。株主資本利益率は、英語で、Return On Equityというので、**ROE**と略します。

ただし、実務上、よく使われるROEは、東証が定めたルールによって計算されます。この東証方式のROEは、やや複雑なので、あとで説明することにして、ここでは、普通の株主資本利益率を説明します。

株主資本利益率というのは、親会社株主利益を期首の株主資本で割ったものです。

$$\text{ROE} = \frac{\text{親会社株主利益}}{\text{期首株主資本}}$$

ROEの分子に使う利益は、親会社株主利益です。すでに説明したとおり、親会社株主利益の正式名称は、「親会社株主に帰属する当期純利益」で、連結グループ全体が稼いだ税引後の当期純利益から「非支配株主に帰属する当期純利益」（非支配株主利益）を除いたものです。親会社株主利益によって、その企業の親会社株主に帰属する利益がどれくらいあるかがわかります。

分子の利益が親会社株主利益であれば、分母に使うべき資本は、株主資本です。投下資本利益率の計算にあたっては、分子の利益と分母の資本のあいだの意味をそろえておくことが重要です。元手の資本とリターンの利益とがチグハグでは意味のある指標になりません。ここで、親会社株主利益と対応関係にあるのは株主資本です。親会社株主利益を基準としたとき、株主資本に対してクリーン・サープラス関係が成り立ちます。

期末の株主資本には、当期稼いだ利益が入ってしまっていますから、元手を意味するのは、本来は、期首の株主資本と考えるのが適切でしょう。期首資本100に対して、利益が20であれば、ROEは20％と考えるのが自然です。

東証方式のROE

しかし、実務上、ROEと呼ばれているのは、これと

は違うものです。決算短信で開示される自己資本当期純利益率のことを ROE ということが多いのです。東証は、**自己資本当期純利益率**を次のように定義しています（ここでは**東証 ROE** と呼ぶことにします）。

$$東証ROE = \frac{親会社株主利益}{(期首自己資本 + 期末自己資本) \div 2}$$

東証 ROE の分子は親会社株主利益なのに「自己資本当期純利益率」と呼ぶのは、数年前まで親会社株主利益のことを「当期純利益」と呼んでいたからです。

東証 ROE の計算式で分母となっている自己資本というのは、資産から負債を引いた純資産から、親会社株主以外の持分である非支配株主持分と新株予約権を引いたものでした。別の言い方をすると、自己資本は、株主資本に AOCI（その他の包括利益累計額）を加えたものともいえます。

しかし、分母を自己資本としたのでは、分子の親会社株主利益とうまく対応しません。分母に AOCI が入っているのなら、分子に親会社株主に帰属する OCI を入れる必要があります。分母に自己資本を取るのなら、分子は親会社株主包括利益が適切でしょう。この点、東証 ROE には問題があります。

さらに、東証 ROE では、元手を意味する分母が平均自己資本になっています。普通、100 円投資して 20 円儲かったなら、利益率は 20％と考えるのが自然です。東証 ROE だと、分母が期首と期末の平均自己資本なので、(100＋120)÷2＝110 円となり、利益率は 20/110 ≈ 18.2％です。これは、直観的に変でしょう。

ときおり、分母に平均資本を使うのは、利益は1年を通じて稼ぐので、ちょうど1年の真ん中にすべての利益を稼いだと考えるべきで、そのときの資本は平均資本を使うのが正しいと主張されることがあります。この考え方は、複利で考えると間違いだということがわかります。かりに、前半の最後に20の利益が上がったとすると、前半のリターンは、20/100＝20％（年率 $1.2^2-1=44$％）となり、後半のリターンは、0/120＝0％（年率0％）となるはずです。よって、年間リターンは、幾何平均をとって、$\sqrt{1.44 \times 1.00}-1=20$％となります。論理的には、ROEにかぎらず、投下資本利益率を計算するときは、期首の資本を分母に持ってくるのが適切です。

しかし、実務上、平均資本が使われることが多いのは、日本だけでなく、アメリカでも同じです。筆者の手許にあるアメリカのMBA用の経営分析のテキストを見ても、平均資本を使って説明しています。一方、そのテキストの著者が、学術論文を書くときには期首の資本を使っているのも知っています。つまり、実務向けと学界向けとで分母を使い分けているのです。

余談ですが、筆者の院生時代、Excelなどの表計算ソフトについて同じことを経験したことがありました。教授がMBAの授業で「Excelを徹底的に使いこなすことが重要だ」といっていろいろな小技を見せてくれたすぐあとのPh.D.（博士課程）の授業で「研究でExcelを使ってはならない。スクリプト言語でデータ処理し、統計検定は統計ソフトでやるように」指導されたことがあります。同じ教授がMBAの授業とPh.D.の授業で反対の

図4-5 期首資本ROEと平均資本ROE

BS

資産	負債
	期首資本 100
	利益 50

期首資本を使ったROE
$$\frac{50}{100} = 50\%$$

平均資本を使ったROE
$$\frac{50}{(100+150)/2} = 40\%$$

ことをいうというのはビジネススクールでは時々あることです。

実務で平均資本ROEを使うのが一般的である以上、ここでも、過度に期首資本ROEが正しいと強調するのは不適切かもしれません。平均資本ROEは、実務上、広く利用されている指標であり、決算短信から簡単に入手できる数字でもあります。その限界を理解した上で見る分には、十分に役に立つ指標です。

なお、平均資本を分母に取ると、資本取引による株主資本の増加のタイミングがわからないときに、その影響を緩和するという効果があります。また一般に、利益の金額以上の配当をしていなければ、平均資本を使ったほうが、ROEが小さく計算されます。図4-5を見てください。

6 総資産利益率（ROA）

普通のROA

ここまで、株主資本や自己資本を元手にどれくらいのリターンを稼いだかを測る指標を説明しました。

しかし、会社の資産は、株主から提供された資本だけでまかなわれているわけではありません。銀行からの借

入金もあるかもしれませんし、仕入先が代金の支払いをしばらくのあいだ猶予してくれている買掛金もあるかもしれません。社債で資金調達している企業だってあります。そこで、会社が運用しているすべての資産を元手と考えて、どれだけのリターンがあったのかを考える指標もあると便利です。

これが、**総資産利益率**で、具体的には、利益を総資産で割ったものです。英語で、Return on Assets というので、**ROA** と略します。

$$\text{ROA} = \frac{\text{利益}}{\text{期首総資産}}$$

分子の利益に何を使ったらいいのかというのはなかなかに悩ましい問題です。

総資産利益率は、**総資本利益率**ともいいます。総資産というのは BS の左側合計、総資本というのは BS の右側合計なので、総資産と総資本はいつも同じ額です。現金や在庫、設備などに対してどれくらい利益を上げているのかを表わすのが総資産利益率で、銀行からの借入れや株式を発行して調達した資本に対してどれだけ利益を上げているのかを表わすのが総資本利益率という気分的な違いがあるだけです。ここでは、ROA で統一します。

東証方式のROA

実務上は、経常利益を分子に使い、期首と期末の平均総資産を分母とする**総資産経常利益率**を ROA ということがよくあります。これは、東証が、決算短信の ROA をそのように定義しているからです。ここでは、これを

東証 ROA と呼ぶことにします。

$$東証ROA = \frac{経常利益}{(期首総資産 + 期末総資産) \div 2}$$

東証 ROA の気になる点を 3 つ挙げます。まず、元手を意味する分母が平均総資産になっている点が挙げられます。これは、東証 ROE の問題点とまったく同じです。

東証 ROA の気になる点の 2 つめは、分子に経常利益を使っている点が挙げられます。経常利益は、本業の実力を表わす営業利益に、営業外の収益を足し、営業外の費用を引いて計算します。毎年毎年、経常的にこれくらいは稼ぐだろうという利益の指標が経常利益です。

経常利益 = 営業利益 + 営業外収益 − 営業外費用

すでに説明したように、営業外の収益・費用は、ざっくりいうと「金融収益・費用＋持分法損益」です。大きいのは、借入金に対する支払利息など、有利子負債に対する利子費用です。一方、受取利息や受取配当金といった金融収益はそれほど大きくはならないのが普通です。

ここで、すべての資産を、株式を発行して調達した資金だけでまかなっている会社 A を考えます。簡単化のため利子費用以外の営業外損益（営業外収益−営業外費用）はゼロとしましょう。すべての資金を株式発行でまかなった場合、支払利息などの利子費用がありませんから、資産が稼いだ営業利益は経常利益と同じです。分母の総資産を 100、営業利益を 20 とすれば、ROA は 20 ％です。

次に、会社 A と資産がまったく同じ別の会社 B を考えます。しかし、会社 B は、資金のかなりの部分を借入れで調達しているため、支払利息が 15 もあります。このとき、営業利益 20、支払利息 15 で経常利益は 5 です。よって、ROA は 5 ％になります（図 4-6）。

会社 A の ROA は 20 ％、会社 B の ROA は 5 ％ですが、両社の資産はまったく同じで、BS の左側の資産が稼ぐ利益（営業利益）はまったく同じ 20 です。BS の左側の総資産が元手ですから、この場合は、総資産が稼いだ営業利益を分子にして、BS の右側の資金調達方法の影響を受けないようにするのが自然です。先に、投下資本利益率の分子と分母の意味をそろえることが大切だといったのはそういう意味です。

東証 ROA の気になる点の 3 つめは、分母の総資産に包括利益の累積分が入っていることです。具体的には、分子に OCI を入れないなら、分母の総資産から AOCI や非支配株主持分に含まれる AOCI 相当額を除いてお

図 4-6　営業利益と経常利益

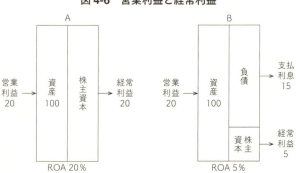

くべきでしょう。

ただし、これはどちらかというと東証 ROA の問題点というより、分母に総資産を使う ROA というコンセプト自体の限界です。

EBIT と NOPAT と ROA

それでは、営業外損益がゼロでないケースでは、ROA の分子にはどのような利益を使うのが適切でしょうか。

最初に思いつくのは営業利益です。これは、営業外費用に含まれる支払利息などの利子費用が引かれていませんから、総資産が稼ぎ出した利益に近い。

しかし、総資産の中には有価証券や貸付金などの金融資産も含まれていて、受取利息や受取配当金などが営業外収益に計上されている場合があります。関連会社株式も総資産の一部なので、持分法利益や持分法損失も分子に入れておいたほうがよさそうです。特別利益や特別損失は1回こっきりの臨時のものなので除くことにしましょう（分析目的によっては、特別損益を足したほうがいい場合もあるかもしれません）。

この場合、ROA は、

$$\text{ROA} = \frac{\text{経常利益} + \text{利子費用}}{\text{期首総資産}}$$

とするのが自然です。この場合は、ROE とは違って、税引前の数字です。税引後の数字に変えるには（1－法人税率）を掛ければ OK です（分子と分母を厳密にそろえるなら、さらに分子に特別損益と OCI も足しましょ

う）。

この式の分子の利益に似たコンセプトに**EBIT**（イービット）というものがあります。EBITは、利払前税引前利益という意味の英語 Earnings Before Interest and Taxes の頭文字です。EBITは、税金等調整前当期純利益に純利子費用（利子費用－利子収益）を戻し入れたものです。日立製作所のように、IFRS採用企業が営業利益の代わりにPLに載せていることがあります。

EBITの場合、利子費用から利子収益を引いた純利子費用を戻し入れていることと、日本基準にいう特別損益の一部が入っていることから、上で説明した経常利益に利子費用を戻し入れた利益とは異なります。しかし、利子費用を戻し入れて、BSの右側のファイナンスのかたちに依存しない利益を計算しようという精神は同じです。

EBITは、資金調達の方法に影響を受けない利益ですが、税引前のものです。実際には、税金の影響を無視するわけにはいきません。そこで、税引後のEBITを考えます。これを**NOPAT**（ノーパット）といいます。NOPATは、税引後純事業利益という意味のNet Operating Profit After Tax の略です。

$$\text{NOPAT} = \text{EBIT} \times (1 - \text{法人税率})$$

要するに、NOPATは税引後EBITのことです（NOPATは、論者によっていろいろな定義があります）。

東証ROAでは、借入れの多い会社のROAは利子費用が分子の利益から引かれる分だけ、収益性が小さく見えます。ROAは、BSの左側の総資産がどれくらい利

益を稼いだかを見る指標ですから、株式か、借入れかといった BS の右側の資金調達方法の影響を受けないほうがいいのです。

決算短信には、東証方式の ROA が載っていますが、必要に応じて、自分で ROA を計算しましょう。

ROAとレバレッジ

古くから使われてきた工学的な工夫に「てこ（梃子）」というものがあります。小学校で習ったとおり、「てこ」を使うと、少ない力で大きなものを動かすことができます。古代エジプトで巨大な石を組み上げてピラミッドを造ることができたのも「てこ」を利用したからだといわれています（図 4-7）。

「てこ」では、支点、力点、作用点という 3 つの点を考えます。このうちの支点は固定された点で、力点は力を加える点、作用点は力が働く点です。次に、硬い棒のかたちをしたものを支点の上におきます。作用点を支点の近くにおき、力点を支点から遠くにおくと、小さな力を力点に加えて、長い距離動かせば、作用点に大きな力

図 4-7　てこの原理

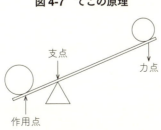

を働かせることができます。

　この「てこ」と似ているという連想で、会社が多額の借入れをして、自己資金の何倍もの資金を動かしてビジネスをすることを**レバレッジ**を掛けるといいます。レバレッジというのは英語で「てこ」のことです。物理的な「てこ」と区別するために、**財務レバレッジ**と呼ぶこともあります。ただ、カタカナでレバレッジというときは、普通、財務レバレッジを指します。

　一般に、レバレッジを効かすと、ROAが調達金利を上まわっているかぎり、サヤが抜けるので、ROEがROAよりも高くなります。ROEがレバレッジでブーストされてROAよりも高くなるわけです。一方、ROAよりも調達金利が高い逆ザヤになると、ROEはROAよりも低くなってしまいます。

　この点を詳しく説明します。まず、資産100、有利子負債50、株主資本50の会社を考えましょう。簡単化のため、税金は無視し、有利子負債以外の負債や非支配株主持分や新株予約権は考えません。

　この会社のROAが10％で、有利子負債の調達金利が6％であれば、順ザヤで、営業利益は10、利子費用は3なので、親会社株主利益は7です。ここで、ROEは（10−3）/50＝14％とされ、ROEはレバレッジによりかなりブーストされることがわかります。

　しかし、ROAが5％まで落ち込めば、逆ザヤになります。利益は5、利子費用は変わらず3なので、親会社株主利益は2です。ROEは4％まで落ち込み、ROAの5％よりも悪くなります。つまり、レバレッジは、追加的なリスクを会社に持ち込みます（図4-8）。

図4-8 レバレッジ効果とリスク

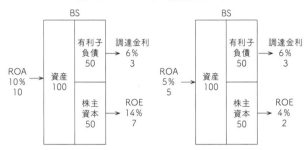

　ビジネススクールで修士号を取った、いわゆる MBA が経営にタッチすると、すぐに BS の右側をいじりたがるという話があります。ビジネスの現場で、本当に価値を生み出しているのは BS の左側なのに、そうしたビジネスの現場から離れて、コーポレート・ファイナンスや金融工学のテクニックを駆使して右側をいじるといういくぶん批判めいた議論です。

　現実には、BS の左側から力強いビジネスの価値流入（キャッシュ・フローや営業利益）が入ってこなければ、BS の右側をいじってもダメです。「もとがダメな事業は、セクシーなファイナンシングでは救えない」というのはファイナンスの授業で真っ先に習うことです（山形浩生、『新教養主義宣言』、晶文社、1999年、30ページ）。本当は BS の左側が重要だということは MBA も理解しています。ただ、BS の左側を改善するのは、いうほど簡単ではありません。そこで、ついつい右側をいじりがちになるということでしょう。

　BS の左側から安定した力強い価値流入があれば、BS

の右側でレバレッジを効かせて、ROEをブーストするのが適切です。ただし、BSの左側からの価値流入が大きく変動するときは別の配慮が必要です。BSの左側から入ってくる価値流入がさらされているリスクを**事業リスク**または**ビジネス・リスク**といいます。リスクの高いビジネスとリスクの低いビジネスがあることはいうまでもありません。

一方、BSの右側でレバレッジを効かすことで高まる追加的なリスクのことを**財務リスク**といいます。事業リスクが高ければ、レバレッジを効かして財務リスクを高めるのはいいアイディアではありませんが、事業リスクが低ければ、レバレッジを効かせて財務リスクを取るのは1つの考え方です。

7 デュポン展開

ROEの要素分解

次に、ROEはどういうファクタによって構成されているのか考えてみましょう。ROEは分数なので、分子と分母に同じ数を掛けても変わりません。そこで、分子と分母に総資産を掛け合わせることにします（本来は、株主資本と総資産は前期末の数字を使うべきでしょう）。

$$\text{ROE} = \frac{\text{親会社株主利益}}{\text{株主資本}}$$

$$= \frac{\text{親会社株主利益}}{\text{総資産}} \times \frac{\text{総資産}}{\text{株主資本}}$$

$$= \text{ROA} \times \text{財務レバレッジ}$$

親会社株主利益を総資産で割ったものは、ある種のROAと解釈できます。また、次の財務レバレッジは、企業が管理している総資産が、株主にとっての元手を意味する株主資本の何倍かを表わしています。つまり、株主資本の何倍の資産を動かすようにレバレッジを効かせているかの指標です。株主資本と自己資本（純資産）はだいたい同じですから、粗っぽくいえば自己資本比率の逆数だと考えてもよさそうです。つまり、BSの左側から流入する価値がどれくらいあるかを表わすROAと、それをBSの右側の財務構成でどれくらいブーストしててこ入れしているかを表わす財務レバレッジで企業の収益性を示すROEが決まるということです。

さらに、分子と分母に売上高を掛けてみましょう。

$$ROE = \frac{親会社株主利益}{株主資本}$$

$$= \frac{親会社株主利益}{売上高} \times \frac{売上高}{総資産} \times \frac{総資産}{株主資本}$$

$$= 売上高利益率 \times 総資産回転率 \times 財務レバレッジ \tag{*}$$

ここで、売上高利益率は、売上高のうち、どれだけが利益なのかという利鞘または利幅を表しています。次の売上高と総資産の比率は、総資産回転率です。これは、PLがBSに対して何倍かという指標で、企業の全資産が1年間に何回転しているかを表わすことを思い出しましょう。

薄利多売であれば、利幅を表わす売上高利益率が小さ

くなる代わりにビジネスのスピードが上がり、ある程度の利益が確保されます。逆に、利幅の厚いビジネスをしていれば、普通はそれほど大きな売上げになりません。厚利少売になるというわけです。ROAは、利幅とスピードの掛け算で決まります。

このように、ROEを、売上高利益率と総資産回転率と財務レバレッジの掛け算に要素分解することでわかるのは、企業の収益性は、**利幅とスピードと借金の力の掛け算**で決まるということです。

このようなROEの要素分解を最初にやったのがデュポンなので、それにちなんで、式(*)のことを**デュポン・モデル**といいます。また、ROEをデュポン・モデルのかたちに展開することを**デュポン展開**といったりします。

ファナックのデュポン展開

それでは、ファナックの2017年3月期の決算書をもとにしてデュポン展開してみましょう。

ファナックは、ファクトリー・オートメーション（FA）の総合的なサプライヤーです。具体的には、工場でいろいろな製品を作るための設備、とくに、コンピュータ数値制御（CNC）機構のついた工作機械やロボットを作っています。

ファナックの製品は、CNCシステムのほか、レーザやロボット、ロボマシンなど、CNCシステムをベースとして、その動作を自動化したものが多くあります。ロボマシンというのは、ロボドリルという小型切削加工機、ロボショットという電動射出成形機、ロボカットと

いうワイヤカット放電加工機、ロボナノという超精密ナノ加工機などの製品群です。

ファナックは、こういった製品群の開発、製造、販売、保守をしています。CNCシステムの世界シェアは過半数を占め、第1位です。同社の利益率はきわめて高く、間違いなく日本を代表する高収益企業の1つです。

デュポン展開に先だって、ファナックの決算書の図を描いてみましょう（図4-9）。

まず、一見して気がつくのは、メーカーにしてはBSがかなり大きいということです。しかし、その理由はすぐにわかります。7,700億円ものキャッシュがあるので、BSが大型化しているわけです（このほかに投資有価証券が720億円ありますが、主に業務上の関係のある会社の株式なので、現金等に足していません）。7,700億円ものキャッシュは、何と年商5,400億円を超えてい

図4-9　ファナック・2017年3月期

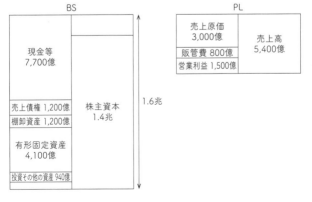

ます。1年くらい売上げがなくても資金繰りはどうということはありません。

　また、総資産の88.3％は株主資本で、有利子負債のない無借金経営です。このパターンの決算書は、好業績企業でよく見掛けます。本業の調子がいいので、利益がどんどん出て、キャッシュが貯まっていく。あまり配当をしないので、株主資本が大きくなる。銀行のモニタリングを嫌ってか、借金を返済するので無借金経営となる。BSの左上と右下が肥大化して、BS全体が大きくなるが、よく見るとPL上の利益率は高い。好業績企業のキャッシュ・リッチの無借金経営です。

　しかし、こういった経営スタイルは、投下資本利益率の観点からは不利になります。総資産が膨らむため、ROAの分母が大きくなり、ROAは見掛け上小さくなります。同じように、株主資本や自己資本が大きなままなので、ROEの分母も大きいままとなり、ROEも大きくなりません。

　ファナックの東証ROEは9.5％、東証ROAは11.0％です。1期前の株主資本を分母としたROEは9.5％、1期前の総資産を分母とし経常利益を分子としたROAは11.2％です（総資産や株主資本・自己資本が毎年大きくは変わらない定常状態にあるため、平均資本を使っても期首資本を使ってもあまり大きく数字が違いません。また、有利子負債がないので、経常利益を分子とすることができます）。これほどまでに巨額のキャッシュを持っていて自己資本比率が切り上がった大きなBSを抱えていながら、ROE 9.5％、ROA 11％以上を維持できています。どちらもかなりいい数字です。

この点を詳しく調べるために、ファナックのROEをデュポン展開しましょう。

ROE ＝ 売上高利益率 × 総資産回転率 × 財務レバレッジ
9.5% ≈ 23.8% × 0.35倍 × 1.13倍

この結果から見えてくるのは、ファナックは、23.8％という非常に利幅の厚いビジネスを展開していながら、資産の回転は0.35倍とゆっくりで、1.13倍とほとんどレバレッジを効かせていないという姿です。結果としてのROE 9.5％は、日本企業としてはかなり高いといえますが、それは利幅の23.8％が効いているからです。利幅とスピードと借金の力の掛け算という意味では、厚い利幅、ゆっくり回転、借金の力は利用せず、ということです。

デュポン・モデルの限界

ここまで説明してきたデュポン・モデルは、経営分析の初心者向けにはわかりやすくていいのですが、少し考えるとかなり不正確であることがわかります。ここでは、どういう限界があるのかを説明します。

まず、デュポン・モデルの説明のところで取り上げたROAは、総資産親会社株主利益率です。また、売上高利益率は売上高営業利益率ではなくて、売上高親会社株主利益率です。分子の利益が営業利益ではなくて、親会社株主利益（親会社株主に帰属する当期純利益）になっています。

分子と分母に総資産を掛けると、

$$\mathrm{ROE} = \frac{親会社株主利益}{株主資本} = \frac{親会社株主利益}{総資産} \times \frac{総資産}{株主資本},$$

となります。この総資産親会社株主利益率をROAと呼ぶのは不正確です。まず、親会社株主利益の計算においては、税金が引かれているだけでなく、支払利息も控除されています。BSの右側の構成に影響を受けるという意味で、分子と分母がきちんと対応していません。

また、連結BSの左側にあるのは、連結子会社の資産を全部連結したものですから、親会社株主利益だけでは不十分で、非支配株主利益も一緒に分子に入れておくべきでしょう。

デュポン・モデルの説明のところでは「ある種のROA」と説明しましたが、本当は、これをROAと呼ぶのにはムリがあります。

また、

$$\mathrm{ROE} = \frac{親会社株主利益}{株主資本}$$

$$= \frac{親会社株主利益}{売上高} \times \frac{売上高}{総資産} \times \frac{総資産}{株主資本}$$

$$= 売上高利益率 \times 総資産回転率 \times 財務レバレッジ$$

とするのもいくぶん不正確です。総資産親会社株主利益率をROAと呼ぶのが不正確であるのと同じように、売上高親会社株主利益率を利幅というのにもムリがありましょう。利幅といえば、粗利益率(売上高売上総利益率)や売上高営業利益率を考えるのが自然です。売上高

親会社株主利益率の分子になる親会社株主利益は、税引き後の数字であるだけでなく、支払利息などが控除されており、BSの右側の構成の影響を受けます。また、連結子会社の外部に対する売上げはすべて分母の連結売上高に算入されるのにもかかわらず、分子の利益が親会社株主に帰属する当期純利益だというのも不整合です。分子の利益の範囲と分母の売上げの範囲がうまく合わさっていません。

また、総資産と株主資本の比率を財務レバレッジと呼ぶのにもムリがあります。分母に株主資本を取ると、その他の包括利益累計額や新株予約権、非支配株主持分が負債扱いになります。分母に自己資本を取っても、新株予約権や非支配株主持分が負債扱いになることには変わりはありません。

さらに、買入債務や退職給付負債、各種の引当金に、未払金や未払費用、前受金や前受収益など、企業が事業を遂行していく上で自然に発生する事業性の負債もレバレッジを構成するファイナンスされた負債（有利子負債）と同じ扱いになってしまいます。株主資本（あるいは自己資本）以外の総資産がすべてファイナンスを意味する他人資本であるというのは、いささか乱暴な括り方です。

8 上級デュポン展開

エンタプライズ法とエクイティ法

デュポン・モデルの売上高利益率や財務レバレッジがおかしいというのは、BSの左側が事業資産だけでないこと、BSの右側がファイナンスを意味する資金の調達

源泉だけでないことから来ています。そこで、事業性の資産と資金調達を意味する金融性の負債に整理することを考えます。

まず、資金調達を意味する金融負債を特定しましょう。これは、基本的には有利子負債です。BSの負債の欄を見ながら、おカネを借りて、利息を支払いつつ元本を返すような、いわゆる借金を特定します。具体的には、借入金、長期借入金、社債などの勘定科目の金額を合計して、金融負債の額を計算します。

次に、株主資本を特定しましょう。具体的には、資本金と資本剰余金に利益剰余金を加え、そこから自己株式を控除して株主資本を計算します。

今度は、BSの左側に注目して、金融資産を特定します。現金預金の一部、有価証券、貸付金などの金融資産のほか、固定資産に分類される投資その他の資産のうち、満期まで保有する国債などの負債証券も、実質的には金融資産です。逆に、現金等の一部は、事業活動を営むかぎり、決済用にある程度の金額を維持しておかなければなりません。どれくらいの金額を決済用の資金と考えるのかについては、いろいろな考え方がありますが、ここでは約2週間半分、年商の5％程度を決済用資金として事業資産に分類することを提案します。

このように、BSの左側で金融資産と事業資産、BSの右側で金融負債、株主資本を特定したあと、BSの右側で、金融負債にも株主資本にも分類されなかった項目を事業資産と相殺し、純事業資産を計算します。

純事業資産 = 事業資産 －（総資産 － 金融負債 － 株主資本）

これで、買入債務、退職給付債務、未払金や未払費用、前受金や前受収益に加えて、純資産であっても株主資本に分類されない非支配株主持分、新株予約権、その他の包括利益累計額が、事業資産と相殺されることになります。

　親会社の持株比率が100％でなくても、親会社が支配している会社は連結子会社とされ、その資産は100％連結されます。この部分を調整するために、非支配株主持分と事業資産を相殺するのが適当でしょう。

　新株予約権も、金融負債というよりは、株主資本に近い性格のものなので、すでに拠出された株主資本と同列に扱うのも一案です。新株予約権ホルダーを株主と同じように資本提供者と考えるかどうかは定義の問題ですが、おそらくは資本提供者と考えないほうが一般的でしょう。ここでは、事業資産と相殺することにします。

　また、ROEの分子は、親会社株主利益なので、分母となる資本に（親会社株主に帰属する）その他の包括利益累計額が入ると、分子と分母の整合性が取れません。事業資産の中にはAOCI分の評価額も含まれているので、その他の包括利益累計額は事業資産と相殺することにしましょう。

　次に、金融負債から金融資産を引いて、純金融負債を計算します。金融資産が金融負債よりも大きいときは、純金融資産になります。

$$純金融負債 = 金融負債 - 金融資産$$

　ここで、

総資産 ＝ 金融資産 ＋ 事業資産

であることに注意すると、

純事業資産 ＝ 純金融負債 ＋ 株主資本

となります。純金融負債がマイナスのときは、これを純金融資産として、

純金融資産 ＋ 純事業資産 ＝ 株主資本

とします。**純事業資産**のことを英語でNet Operating Assetsというので、**NOA**ということがあります。

この純事業資産の観点から企業を分析する方法を**エンタプライズ法**といい、株主資本の観点から企業を分析する方法を**エクイティ法**といいます。エクイティ法は簡単ですが、事業活動と財務活動（金融活動）を一緒にして考える分、どうしても見通しが悪くなります。これに対して、エンタプライズ法は事業活動だけに集中して分析します。一般に、エクイティ法よりエンタプライズ法のほうが正確だと考えられています。

純事業資産利益率（RNOA）

デュポンの公式の問題点は、事業活動と財務活動を分けていないところから来ています。分子の利益が利子費用を支払ったあとの数字なのに売上高利益率を利幅と考えたり、総資産の中には買入債務などの事業活動に関連した負債があるのにもかかわらず、総資産と株主資本との関係で財務レバレッジを考えたりするあたりが不正確になる理由です。

そこで、エンタプライズ法のデュポン・モデルを考えます。これを上級デュポン・モデルといいます。

上級デュポン・モデルを説明する準備として、まず、**純事業資産利益率**を説明します。英語で、純事業資産利益率のことを Return on Net Operating Assets というので、これを略して **RNOA** といいます。

$$\mathrm{RNOA} = \frac{純事業利益}{純事業資産}$$

です。ここで、**純事業利益**というのは、親会社株主利益に、純金融費用を戻し入れたものです。先ほど、説明した NOPAT と似ていますが、親会社株主の持分と非支配株主の持分の両方に帰属する税金等調整前当期純利益をベースにするのではなく、親会社株主利益をベースにする点で違っています。

また、**純金融費用**は、税引後で考えて、次のように計算します。

純金融費用 ＝（1 － 法人税率）×（金融費用 － 金融収益）

つまり、純金融費用は、純金融負債の税引後の調達コストのことです。純金融負債が、金融負債から金融資産を引いたものなので、金融費用からも金融収益を引いておきます。また、親会社株主利益が税引後の数字であることを考えると、純金融費用も税引後で考えておいたほうが便利です。また、純金融費用と純金融負債の比率は、この企業の実質的な調達金利を表わします。これを**純借入コスト**といいます。純借入コストは、英語で Net Borrowing Cost というので、**NBC** と略します。つまり、

$$\text{NBC} = \frac{純金融費用}{純金融負債}$$

です。

すでに説明したとおり、純事業資産は、純金融負債と株主資本の合計です。そして、純事業資産というときには、事業に割り当てられている具体的な資産、つまり、BSの左側という感じがします。これに対して、純事業資産に投資されている資金の調達源泉のことを**投下資本**といったり、**使用資本**といったりします。調達源泉は、純金融負債と株主資本ですから、金額的には純事業資産と同じになります。

投下資本利益率を Return On Invested Capital を略して**ROIC**、使用資本利益率を Return On Capital Employed を略して**ROCE**、ということがあります。論者によって微妙に定義が違ったりしますが、基本的に RNOA、ROIC、ROCE はすべて同じです。ここでは、RNOA で統一します。

また、RNOA を計算するときに、遊休不動産や建設仮勘定など、金融資産でも事業資産でもない「非事業資産」を除いたり、退職給付に係る債務などの「非事業負債」を除いたりする流儀があったりするなど、論者によって微妙な違いがあります。経営分析や企業価値評価のやり方は、法律や会計基準によって決まっているわけではないので、いろいろな流派が出てきてしまうのはある程度やむをえません。

上級デュポン・モデル

RNOA が理解できたので、ROE を RNOA や財務レバレッジの観点から表示する**上級デュポン・モデル**を説明します。以下、少しでも式の中の漢字を減らすため、株主資本を E、純金融負債を D とします。

株主資本 E や、純金融負債 D は、本来、1 期前の数字を使うべきでしょう。

$$\text{ROE} = \frac{\text{親会社株主利益}}{E} = \frac{\text{純事業利益} - \text{純金融費用}}{E}$$

$$= \frac{\text{純事業利益}}{\text{NOA}} \times \frac{\text{NOA}}{E} - \frac{\text{純金融費用}}{D} \times \frac{D}{E}$$

$$= \text{RNOA} \times \frac{E+D}{E} - \text{NBC} \times \frac{D}{E}$$

$$= \text{RNOA} + \frac{D}{E} \times (\text{RNOA} - \text{NBC})$$

ここで、D/E は、負債による資金調達を表わす純金融負債と株主からの資金拠出を表わす株主資本の比率なので、財務レバレッジを表わしています。負債(デット)と持分(エクイティ)の比率なので、**デット・エクイティ・レシオ**といったり、**負債持分比率**や**負債比率**といったりします。

この上級デュポン・モデルが意味しているのは、ROE は基本的に事業の収益性を表わす RNOA によって決まるということです。また、借入レート NBC で資金調達でき、NBC が RNOA よりも小さければ、この

利回りの違いを利用してサヤを抜くことができます。このサヤ抜きを利用して収益性を増幅するのが財務レバレッジです。具体的にはデット・エクイティ・レシオにサヤを掛けた分だけ、RNOA よりも ROE は高くなります。つまり、ROE は、事業の収益性に借金の力を加えたもので決まるということです。

また、普通のデュポン・モデルのように、RNOA の分子と分母に売上高を掛けて、

$$RNOA = \frac{純事業利益}{売上高} \times \frac{売上高}{NOA}$$
$$= 売上高利益率 \times 純事業資産回転率$$

と要素分解することは可能です。ただ、このような要素分解はあまり一般的ではありません。その理由は、連結と個別の違いによるものです。RNOA は連結財務諸表を基礎に計算するのが普通ですが、連結売上高は、株主資本に対応する売上高ではなく、連結子会社の外部売上高も含んでいます。そこで、親会社の個別財務諸表上の売上高を使うことが考えられますが、純事業利益はこの個別売上高に対応するものではありません。また、純事業資産には連結子会社や関連会社に対する投資額も含まれているため、純事業資産の個別売上高に対する回転率を計算しても解釈が難しいのです。そこで、RNOA をそれ以上は分解して考えないのが普通です（もちろん、不正確なのは承知の上で、純事業利益と連結売上高で計算した ROS と純事業資産と連結売上高で計算した純事業資産回転率から何らかの印象を得ようとすることまで否定するものではありません）。

ファナックの上級デュポン展開

それでは、キャッシュ・リッチのファナックの決算書の上級デュポン展開をしてみましょう。まずは、ファナックの純金融資産と純事業資産を考えます。

キャッシュ・リッチの無借金経営ですから、明らかに金融資産のほうが金融負債よりも多いので、現金等7,700億円から売上高5,400億円の5%を引いて丸めて金融資産7,500億円としました。金融負債はないので、これが純金融資産でもあります。純金融資産を株主資本1.4兆円から引いて、純事業資産6,300億円と計算してあります（図4-10）。ただ、利益率を計算する基礎となる純事業資産は、1期前のもののほうが適切です。

もっとも、ファナックは、2017年3月期において、栃木県壬生町にCNCシステムなどを生産する工場を作り、2016年10月から稼働させています。また、茨城県筑西市にロボット工場用の土地を購入するなどの設

図4-10　ファナック・2017年3月期の組替後決算書

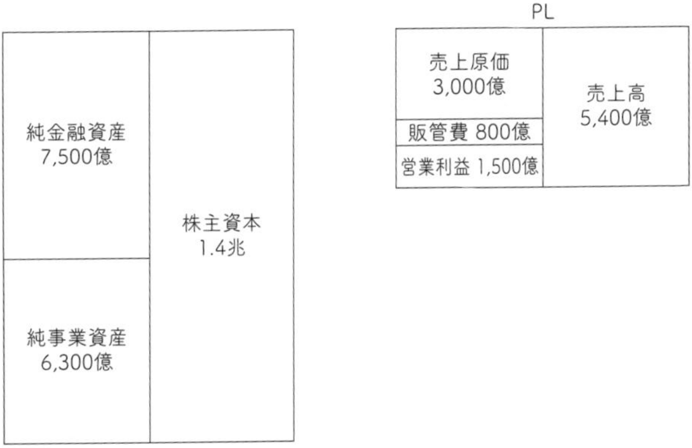

純金融資産 7,500億	株主資本 1.4兆
純事業資産 6,300億	

PL

売上原価 3,000億	売上高 5,400億
販管費 800億	
営業利益 1,500億	

備投資をしています。その結果として、純金融資産は8,000億円から7,500億円に減少し、純事業資産が5,400億円から6,300億円へと増加しています。

厳密にやるなら、投資のタイミングを見て、純事業資産を調整すべきですが、稼働前の資産を純事業資産に入れるかどうかという問題も生じるので、ここでは、ざっくりと1期前の数字で計算してしまいましょう。

金融収益には、受取利息と受取配当金を入れます。本当は、受取配当金は、一部税金が掛かりませんが、細かいことは気にしないで実効税率を使って税引後の純金融収益を計算すると、30億円ほどになります。これを親会社株主利益から引けば純事業利益が計算できます。

次に、純金融債務になることを前提とした上級デュポン・モデルを純金融資産になる場合に合わせて書き換えましょう。純金融資産を F とします。また、純金融資産利益率を Return on Net Financial Assets の略をとって RNFA として、次のように定義します。

$$\text{RNFA} = \frac{純金融収益}{純金融資産}$$

これらの語を使うと、純金融資産があるときの上級デュポン・モデルは、次のように書き直せます。

$$\text{ROE} = \frac{親会社株主利益}{E} = \frac{純事業利益 + 純金融収益}{E}$$

$$= \frac{純事業利益}{\text{NOA}} \times \frac{\text{NOA}}{E} + \frac{純金融収益}{F} \times \frac{F}{E}$$

$$= \text{RNOA} \times \frac{E-F}{E} + \text{RNFA} \times \frac{F}{E}$$

$$= \text{RNOA} - \frac{F}{E} \times (\text{RNOA} - \text{RNFA})$$

 つまり、純金融資産のあるキャッシュ・リッチの無借金経営スタイルの場合、逆レバレッジが効いているということです。RNOAがRNFAよりも高いかぎりにおいて、逆レバレッジで利鞘を失っています。レバレッジでROEがブーストされる代わりに、逆レバレッジでROEが抑え込まれているということもできます。

 ファナックの2017年3月期の決算書を上級デュポン展開するとこんな感じです。

$$\text{ROE} = \text{RNOA} - \frac{F}{E} \times (\text{RNOA} - \text{RNFA})$$
$$9.5\% \approx 23.0\% - 0.60 \times (23.0\% - 0.36\%)$$

 つまり、RNOAは23.0%ときわめて高く、本業は好調であるにもかかわらず、株主資本の約6割の純金融資産を持ち、このリターンが0.36%と冴えないため、ROEは9.5%まで抑え込まれているということです。

第5章 この会社、カネ貸して大丈夫か？

1　キャッシュが王様

誰がBSを読むのか？

仕事でPLをよく見るという人はかなりいます。今月の売上げがいくらで原価がいくらだったから粗利はいくら、販管費を引いて営業利益がいくらだったとチェックするのは、損益に責任を負っている部門のトップなら普通にやる基本動作の1つです。自分の会社の売上げや営業利益、ライバル企業や業界の主なプレーヤーの売上げや営業利益をいえる人もいたりします。

一方で、BSをよく見るという人はかなり少ない。自分の会社の総資産がいくらで、キャッシュがどれくらいあって、有形固定資産がこれくらい、有利子負債がいくらで、株主資本がいくらあるかいえましょうか。自分の会社のBS数値がいえたとして、ライバル企業、同業他社についてはどうでしょうか。自分の業界の大きなプレーヤーのBS数値がスラスラいえる人はかなりかぎられます。つまり、普通の人はPLを気にするほどにはBSを気にしません。

それでは、BSをよく読んでいる人はどういう人でしょうか。それは、ズバリ、その会社におカネを貸そうとしている人です。具体的には銀行の融資担当の人などを考えるとわかりやすい。一般企業の営業関連で、売掛金の額をどの程度まで認めるか与信判断をしている人もBSは読むはずです。

会社の株を買おうという人は、その会社の伸び代を見ます。今後、どんどん売上げが大きくなって利益が出そうかが関心事です。一方、会社におカネを貸そうという

人は伸び代にはあまり関心がありません。おカネを貸した場合、考えられるベストの状態は、約束通り、利息と元本を返してくれることです。その会社がどれほど伸びていこうと、契約期間内は儲かりません。将来、もう1回借りてくれるかどうか、優良貸付先として育ってくれるかどうかを見るときに伸び代が気になってくるにすぎません。それより気になるのは、貸付先が倒産しそうかどうかでしょう。

会社はいつ倒産するのか？

それでは、会社はどういうときに倒産するのでしょうか。会社は赤字でもそれだけでは倒産しません。負債が資産よりも大きくなる**債務超過**となると、上場廃止基準に引っ掛かったりはしますし、かなり危険な状態ではありますが、それだけではただちに倒産しません。会社は、おカネを払わないといけないのに、おカネがなくなって、そして誰もおカネを貸してくれないとき、**倒産**します。要するに、会社は、資金ショートで倒産するわけです。

波瀾万丈のゲーム業界

皆さんよくご存じの任天堂という会社があります。元々は、花札やトランプの会社でしたが、1983年に「ファミリーコンピュータ」という家庭用ゲーム機を発売して以来、ゲーム機とゲーム・ソフトの会社として知られてきました。

2006年に発売したWiiというゲーム機は、Wiiリモコンと呼ばれる直感的に操作する無線通信のコントロー

ラーを導入したことで、爆発的にヒットします。それまで、家庭用ゲーム機は小学生などの子供を除くと一部のゲーム好きのためのものという印象がありました。だんだんゲームの操作方法が難しくなっていって、普通の人がやるのにはハードルが高かったのです。

これに対して、Wiiでは、本当にテニスをするようにWiiリモコンを振りまわすことでテニス・ゲームをすることができます。卓球も、ボーリングも、アーチェリーも同じです。そのため、子供だけでなく、普通の大人もゲームを楽しめるようになり、リビングでの一家団欒で使われるゲーム機としての地位を確立します。これは、新しいユーザー層を取り込み、市場を拡大することにつながって、Wiiは爆発的に売れていきます。下のグラフを見ていただくと、これがある種のWiiバブルだったということがよくわかります。2009年3月期、任天堂は、連結売上高1兆8,000億円、営業利益5,600億円の

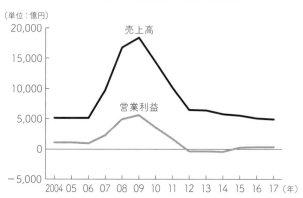

図5-1 任天堂の連結売上高と営業利益

過去最高収益・利益を記録しました。

しかし、2012年3月期までに業績は急降下します。連結売上高は6,500億円と約3分の1まで落ち込みます。そして、2012年3月期から2014年3月期まで、3期連続営業赤字でした。

ここまで激しく落ち込んだ理由は、携帯電話、スマートフォン（スマホ）、タブレットが普及して、ゲームをするのに、ゲーム専用機を利用しないケースが増えてきたからです。コントローラーの使いやすさや映像の美しさなど、本格的にゲームを楽しもうとすれば、まだまだゲーム専用機にもメリットはあります。

しかし、WiiやWiiUなどの据置型ゲーム専用機を使うには、自宅のリビングでテレビをつけてゲーム機を立ち上げる必要があり、とてもお手軽とはいえません。3DSなどの携帯型ゲーム専用機は、持ち運びできる分、手軽ではありますが、小学生ならともかく、携帯型ゲーム専用機をいつもカバンの中にしのばせている大人はかなりのゲーム好きにかぎられましょう。

これに対して、誰もが持っているスマホを電車の中でポケットから取り出し、アプリを立ち上げて、そのままゲームをやり始める手軽さは圧倒的です。

しかも、多くのゲームは無料で始めることができ、ゲームを有利に進めるために少額のアイテムを少しずつ購入していく仕組みになっています。このアイテム課金の仕組みがゲーム会社の売上げを押し上げるのに貢献しています。ゲーム専用機のゲームをパッケージで買うときには、高くても1万円くらいのケースが多かったのに対し、アイテムを少しずつ買い進め、気がついたら何万

円も払っていたというケースが多くなってきました。

　2009年3月期と2012年3月期にかけて、任天堂の売上げが1兆8,000億円から6,500億円に落ち込んだのに対して、DeNAの売上げは380億円から1,500億円と4倍近くになっています。2009年6月期と2012年6月期にかけて、グリーの売上げは140億円から1,600億円と十数倍になりました。ゲーム・プラットフォーム・ビジネスの急成長が、ゲーム専用機のシェアを喰ったのです。

　もっともゲーム業界の展開は早く、グリーの売上げは2017年6月期は650億円まで落ち込みます。DeNAの売上げは、2013年3月期の2,000億円をピークに、2017年3月期は1,400億円まで落ちました。

　一方、パズル＆ドラゴンズ（パズドラ）をヒットさせたガンホー・オンライン・エンターテイメントの売上げは、2012年12月期の300億円から翌2013年12月期の1,600億円に急成長しました。また、SNSとしてはほぼ衰退していたミクシィは、2014年3月期の売上げ120億円から、翌2015年3月期の1,100億円、2016年3月期の2,100億円にまで劇的な復活を見せます。大ヒット・ゲーム、モンスターストライク（モンスト）のヒットのおかげです。

　すでにパズドラはピークアウトし、ガンホー・オンライン・エンターテイメントの売上げは、2014年12月期の1,700億円から、2015年12月期の1,500億円、2016年12月期の1,100億円へと減少に転じました。一方、ミクシィは、2017年3月期にも2,100億円の売上げを保っています。

任天堂のキャッシュ

このように、携帯電話、スマホ、タブレットの普及により任天堂の業績は急降下しました。連結売上高は6,500億円と約3分の1まで落ち込み、2012年3月期から2014年3月期まで、3期連続の営業赤字でした。

最終赤字というのは時々あることですが、営業赤字は稀です。また、一時的に営業赤字に落ち込んだのではなく、3年連続で営業赤字というのはかなり深刻です。要するに、ゲーム専用機とゲーム・パッケージ箱売りというビジネス・モデルが崩壊していたということです。

しかし、売上高が3分の1になり、3期連続営業赤字でも、任天堂の経営危機という話は聞こえてきませんでした。任天堂が苦しんでいたというのは、よく知られていましたが、任天堂が危ないという話はありませんでした。

その理由は、信じられないほどの**手許流動性（手元流動性）**にありました。2009年3月期の任天堂の決算書を見てみましょう（図5-2）。

まず、BSとPLの大きさがだいたい同じになっていることがわかります。これは、メーカーの特徴と一致します。確かに、任天堂は、花札やトランプを売っていたり、Wiiのようなゲーム専用機、『マリオカート』のようなゲーム・ソフトを売っているので、メーカーのイメージに近いかもしれません。

しかし、任天堂には有形固定資産があまりありません。総資産の5％を切っているので、この図には描き込んでいません。実際の有形固定資産は710億円ほど、BS計上されています。総資産の3.9％程度です。

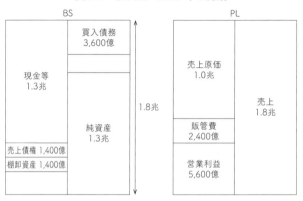

図5-2 任天堂・2009年3月期

　こんなに有形固定資産が小さい理由はアップルと同じです。任天堂は工場を持たない、いわゆるファブレス・メーカーです。「ファブ」というのは「ファブリケーション・ファシリティー」の略で「工場」のことです。工場を持たないメーカーを**ファブレス・メーカー**といいます。

　任天堂のウェブサイトによると、同社の生産パートナーは約300社あるとのことです。2009年3月期の有価証券報告書で、買掛金の金額の大きい調達先を見ると、電子部品メーカーのホシデンやパナソニック、ミツミ電機が並んでいます。部品メーカーに組み立てまでお願いすることで、任天堂は企画や研究開発に特化することができます。

　このように、任天堂はファブレスなので、本業に関する資産があまりありません。売上高の1.8兆円と比較すると、売上債権1,400億円や棚卸資産1,400億円は、

27日から29日分程度です。これは、かなり短いといえます。

それでは、なぜこれほどまでにBSが大きいのでしょうか。図5-2を見ればすぐにわかることですが、1.3兆円という圧倒的な金額の現金等、つまりキャッシュが貯め込まれているからです（ここでは、現金預金と有価証券に投資有価証券を足したものを現金等としています）。キャッシュ1.3兆円というのは、年間売上高の253日分に相当します。半年くらい売上げがなくても大丈夫という水準です。

高収益企業によくあるように、任天堂もまたキャッシュ・リッチの無借金経営です。キャッシュ1.3兆円をファイナンスしているのは、借金（有利子負債）ではなく分厚い純資産です。実際、借金はゼロで、事業活動にともなって計上される買入債務などの事業負債を別にすれば、負債はありません。ROEという観点からいえば、分母の自己資本が大きくて収益性が悪くなります。借入れ余力は十分にあるので、M&Aなどの大規模な投資機会がなく、安定したビジネスであれば、借金を増やして自己株買いをするなどして、分母を圧縮したほうがいいかもしれません。

しかし、実際にはゲーム・ビジネスはハイ・リスクです。すでに書いたとおり、このあと、任天堂は売上げが急落し、2012年3月期から2014年3月期まで営業赤字となります。その営業赤字の最終年の決算書を見てみましょう（図5-3）。

確かに売上げはピーク時の3分の1未満に落ち込んでいてPLはかなり小さくなっています。しかし、BS

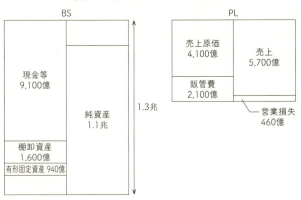

図 5-3　任天堂・2014 年 3 月期

のサイズである総資産は、1.8 兆円から 1.3 兆円に縮小したにすぎません。

キャッシュも 1.3 兆円から 9,100 億円へ減りましたがまだまだキャッシュ・リッチです（キャッシュの金額は注記の金融商品資産合計から売上債権を引いて計算しています）。とくに、年間連結売上高 5,700 億円よりもかなり大きな金額になっています。極端な話、たとえ丸々 1 年間売上げが立たなくてもただちに資金ショートする心配はありません。資金ショート、つまり、倒産の恐れの小さい会社といえます。

ここしばらく任天堂の業績は持ち直してきていました。2016 年 3 月期では、『スプラトゥーン』や『スーパーマリオメーカー』などの大ヒットがあり、売上高こそ 5,000 億円へ減収していますが、営業利益は 330 億円と増益を記録しています。

直近の 2017 年 3 月期では、売上高は 4,900 億円、営

業利益も290億円と若干の減収減益となっていますが、2016年夏には、スマホ向けアプリ"Pokémon GO"の大ヒットがあり、新しいゲーム専用機Nintendo Switchが絶好調であることから、今後は期待が持てそうです。

スカイマークの倒産

今度は資金ショートで倒産した事例を見ましょう。記憶に新しいスカイマークを取り上げます（なお、スカイマークの民事再生手続きはすでに終わっており、同社の飛行機は、今は元気に（？）空を飛んでいます。最近、定時運航率で全日空を上まわりました）。

スカイマーク株式会社は、1980年代から始まった日本のエアラインの規制緩和による新規参入エアラインの第1号です。サービスを簡略化するなどして、運賃を他社の半額程度に抑えて平均搭乗率を高める戦略は、今の格安航空会社LCCのハシリといえます。

しかし、大手2社の値下げ、新規参入LCCや鉄道会社との競争激化など、スカイマークの経営環境は厳しくなっていきました。とくに、エアバスA330型機を導入して搭乗率を高めようとしましたが、思うように伸びず、また、予想外の円安で燃料費やドル建ての航空機リース料が増えて資金繰りが悪化していきます。2014年7月には、A380型機の購入契約解除によって、エアバス社から多額の違約金を請求され立ちゆかなくなりました。

そこで、2015年1月28日に東京地方裁判所に民事再生手続き開始の申立てを行ない、2月4日に民事再生

手続き開始となりました。いわゆる倒産です。

それでは、倒産直前の年度決算である2014年3月期のスカイマークの決算書を見てみましょう（図5-4）。スカイマークは連結財務諸表を作成していないので個別財務諸表を取り上げます。

まず、エアラインということで、BS中、有形固定資産の占める比率が高いなど、インフラ系の特徴をある程度示しています。しかし、インフラ系にしては、売上げにあたる事業収益が大きく、BSに比べてPLがわりに大きい（総資産回転率が高い）印象です。

手許流動性も、現金等が事業収益の1ヶ月分程度あります。純資産も分厚く、有利子負債のない無借金経営です。もっとも、無借金ということは、いざというときに頼りになるメイン・バンクがないということでもあります。

PLでは、事業収益が事業費と販管費の合計を下まわ

図5-4 スカイマーク・2014年3月期

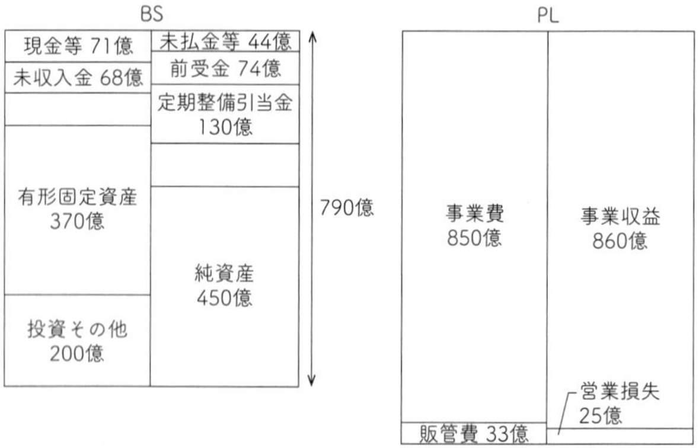

BS		PL	
現金等71億	未払金等44億		
未収入金68億	前受金74億		
	定期整備引当金130億		
有形固定資産370億		事業費850億	事業収益860億
	純資産450億		
投資その他200億			営業損失25億
		販管費33億	

（BS合計 790億）

り、営業損失を出しています。エアラインは、固定費率が高く、事業収益が落ち込んだときにそれに連動して落ちる変動費の割合が低い傾向にあり、ハイリスクです。とくに、スカイマークのようなLCC型のビジネス・モデルでは、利益率は低いものの、搭乗率を高めることで利益を稼いでいこうとするので、事業収益が変動するとあっという間に赤字になります。

つまり、事業リスクが高く、銀行から避けられるタイプです。こうしたビジネス・モデルでは、借金でレバレッジを効かすのではなく、株式や内部留保で資金調達して、自己資本比率を高めに保つのが一般的でしょう。スカイマークもそのようにしてきました。

しかし、解約不能なリースや航空機購入契約など、おカネが出ていく約束をしてしまうと固定費が増えるのと同じ作用があります。以後、円安による燃料費の高騰やドル建てリース料の増加などによって、キャッシュがな

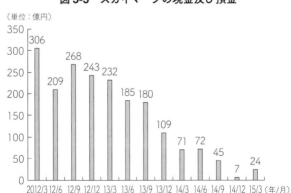

図5-5 スカイマークの現金及び預金

くなっていきます。

2012年3月には、306億円あったキャッシュが、2014年3月には71億円にまで減少しています。以後、急速におカネがなくなっていきました。2014年12月には7億円にまで減少しています。

なお、しつこいようですが、スカイマークの民事再生手続きは2016年3月28日に終わっています。

倒産しなさそうな会社の見分け方

任天堂のようにおカネがいっぱいある会社は倒産の恐れが小さい会社だといえます。倒産前のスカイマークのように急速におカネがなくなっていく会社は倒産の恐れが大きい会社だといえましょう。そこで、この「おカネがいっぱいある」というのはどういうことかを示す比率をいくつか紹介しましょう。

〈流動比率〉

古典的な比率は、**流動比率**です。これは、流動資産と流動負債の比をとったものです。

$$流動比率 = \frac{流動資産}{流動負債}$$

現金のほか、売上債権、棚卸資産など正常な営業循環過程にある資産は、現金化までの期間の長短を問わず流動資産でした。また、買入債務など正常な営業循環過程にある負債は、支払いまでの期間の長短を問わず流動負債です。営業外のものは、キャッシュの受払いが1年以内のものが流動、1年を超えるものが固定とされま

す。

つまり、流動比率は、比較的近い将来に支払わなければならない流動負債に対して、比較的近い将来にキャッシュになる流動資産がたっぷりあれば、その会社は安泰だろうという考え方にもとづいた指標です。流動比率がどれくらいあれば安泰かということに絶対的な基準があるわけではありませんが、流動比率が200％以上あれば一応安全レベルと考えてよいといわれることがあります。もちろん、これはたんなる目安で、流動比率が200％を切ったから一概に危ないというわけではありませんし、200％以上あるから安心と断言できるわけでもありません。参考程度の水準です。

具体的に、流動比率を計算してみましょう。任天堂の2014年3月期の流動資産は1.0兆円、流動負債は1,600億円ほどです。流動比率は660％になります。対して、スカイマークの2014年3月期の流動資産は220億円、流動負債は160億円ほどです。流動比率は140％です。任天堂は、一応の安全水準といわれる200％の3倍以上の水準にあり、スカイマークは安全水準200％を割り込んでいました。

〈当座比率〉

企業の倒産リスク（信用リスク）を評価するにあたって、流動比率は広く使われていますが、在庫（棚卸資産）をどう評価するかについて意見が割れることがあります。

1つには、在庫は正常な営業プロセスの中にあり、通常の営業活動の一環として販売されれば売上債権に変わ

り、しばらくすればキャッシュとして回収されるので、キャッシュに十分に近いという考え方です。流動資産である棚卸資産を現金預金と同様に分子に算入する流動比率は、このような考え方にもとづいた指標であるといえましょう。

しかし、企業が倒産するときには、営業活動がうまくいかず、販売不振に陥っていることがよくあります。この場合、売れない商品や製品が不良在庫として積み上がります。このような不良在庫がキャッシュに近いかどうかは微妙なところです。とくに、不動産を販売している会社では、在庫が不動産です。リーマン・ショックの頃には、不動産販売が難しくなり、流動比率が高くとも資金繰りに困った会社もありました。

そこで、流動資産ではなく、キャッシュに近い当座資産だけで流動負債を支払うことができるかどうかをチェックする指標が**当座比率**です。これは、当座資産と流動負債の比をとったものです。

$$当座比率 = \frac{当座資産}{流動負債}$$

ここで「当座」というのは「今からしばらくのあいだに」とか「すぐに」を意味する言葉です。そして「当座の支払いに使うことができる」資産が当座資産です。流動資産のうち、ほとんどキャッシュと同じような扱いができるものにかぎられます。

普通は、現金預金、売上債権、有価証券の合計を当座資産とします。固定資産に含まれる満期保有目的の債券なども事実上の当座資産だったりしますが、その金額が

BSからすぐにわからないので、ここでは除いておきましょう。

具体的に、当座比率を計算しましょう。任天堂の2014年3月期の当座資産は8,200億円、流動負債は1,600億円ほどです。当座比率は530％になります。対して、スカイマークの2014年3月期の現金預金と営業未収金等の短期債権の合計は160億円、流動負債は160億円なので、当座比率は100％です。

当座比率は、**酸性テスト比率**ともいいます。酸性テストというのは、金に見えるものがホンモノの金かどうかをチェックするために、硝酸や王水などの酸性の薬品が使われることから来ています。具体的には、試金石という黒い石に金のような金属をこすりつけてマークをつけます。このマークが、硝酸や王水で溶けるかどうかや、どのように溶けるかによって、金かどうか、あるいは、金の純度がどれくらいかを判別します。

当座比率を見れば、金に対する酸性テストのように、企業の安全度合いが判定できるという意味で、酸性テスト比率というようになりました。

〈当座比率と流動比率のあいだ〉
このように当座比率と流動比率は、普通、同じような傾向を示します。しかし、業種によっては、在庫がかなり大きくなることがあります。たとえば、在庫商品の価格の高い宝石の加工・販売業の会社や、法律によって石油の備蓄が強制されている石油精製・販売業の会社が挙げられます。こういった会社は、当座比率と流動比率が大きく食い違うことになりがちです。

もちろん、だからといって、倒産リスクが高いとか、危ないということではありません。ただ、支払い余力を見るときには、流動比率より当座比率を見るほうが自然だとはいえそうです。

〈TASAKI〉

在庫の金額の大きい会社の一例としてTASAKIを取り上げます。TASAKIは、もともと、田崎真珠として知られていた会社です。真珠の養殖、加工、販売や、宝石や貴金属の輸入、加工、販売を事業としています。

TASAKIの2016年10月期の決算書を見てみましょう（図5-6）。流動比率や当座比率が計算しやすいように、いつもと違ってできるだけ項目の組替えをしないで、当座資産、棚卸資産、流動負債、固定負債というかたちで載せています。

一見して目を引くのは、140億円にも上る巨額の在庫

図5-6　TASAKI・2016年10月期

品(棚卸資産)です。それに見合って、(図には描いてありませんが)100億円もの借金(有利子負債)があります。真珠、宝石、貴金属などは、転売が容易で換金価値も高いので、担保として打ってつけです。融資を受けやすい資産状況にあります。

また、固定負債の中に、退職給付負債が26億円もあります。結構、人がいそうなイメージです。販管費の内訳を見ると、販売促進費の17億円、広告宣伝費の11億円、賃借料16億円などのほか、給料、賞与、福利厚生費などの人件費が46億円ほどあります。真珠の養殖や、真珠、宝石、貴金属の加工に関わる人件費は製造原価(BS上は棚卸資産、PL上は売上原価)となっているはずなので、ここには入っていません。宝飾品の仕入れや販売は、かなり人手のかかる労働集約的なプロセスで、TASAKIのコスト構造上、人件費が大きな割合を占めていることがわかります。原価率は、34.8%、おおよそ3分の1くらいです。

TASAKIの場合、BS上、これだけ棚卸資産があることからわかるとおり、流動比率と当座比率はかなり違っています。流動比率は660%ありますが、当座比率は100%を割り込んで97%です。

2 フローの指標

インタレスト・カバレッジ・レシオ

流動比率と当座比率は、キャッシュやキャッシュになりやすいものがどれくらいあるかに注目する比率でした。おカネがいっぱいあれば安心というのは確かに1つの考え方です。

ただ、手許にあまりおカネがなくても、いつもおカネがたくさん入ってくるようなら安心という考え方もあります。つまり、キャッシュのストックではなくて、フローに注目する考え方です。キャッシュのフローを（そのままですが）**キャッシュ・フロー**といいます（キャッシュ・フロー計算書では、キャッシュを少し広く定義しています）。

しかし、キャッシュ・フローの金額は、そのままでは意味がよくわかりません。借金を返してもキャッシュ・フローですし、Suica などの電子マネーのチャージでおカネを受け取ってもキャッシュ・フローです。大規模な設備投資をすれば、巨額のキャッシュが出ていきます。

そこで、キャッシュ・フローを並べ替えて、株主が拠出した元手である純資産がどれくらい増えたり減ったりしたかを考えて調整した数字が利益です。この利益が利子費用支払いの原資となるわけですから、利益が利子費用よりもかなり大きければフローの支払余力が大きいと考えることができましょう。信用リスクを評価しようとするときは、支払利息などの利子費用を控除する前の利益が適切でしょう。

この利子費用控除前の利益が利子費用の何倍あるかという指標のことを**インタレスト・カバレッジ・レシオ**といいます。インタレスト・カバレッジ・レシオというのは名前が長いので、以下、英語の頭文字をとって、ICR とも書きます。

$$\text{ICR} = \frac{\text{利子費用控除前の利益}}{\text{利子費用}}$$

ここで、利子費用には、借入金に対する支払利息だけでなく、社債に対する社債利息など、有利子負債に対する利子（利息）はすべて入れるようにします。

　インタレスト・カバレッジ・レシオは、法律や会計基準で定義された指標ではありませんから、その計算方法にはいくつかの流儀があります。どれが正しい、どれが間違っているというものではありません。当面の分析目的に照らして一番適切に見える計算方法を採用すればいいだけです。

　まず、利子費用そのものではなく、利子費用から利子収益を引いた純利子費用に対して利益が何倍かを考えることができます。有利子負債に対して利息を支払うとしても、その一部分が貸付金等からの利子収益でまかなわれるなら、純利子費用に注目すれば十分だという考え方も成り立ちます。このとき、分子の利益はEBITが適切でしょう。

$$\text{ICR} = \frac{\text{EBIT}}{\text{純利子費用}}$$

　一方、支払う利子はあくまで利子収益を引く前のグロスの利子費用でなければならないという考え方もありえます。この場合は、1回こっきりの異常な項目をどう考えるかで、2とおりの利益が考えられます。経常利益をベースに利子費用を戻し入れるか、税金等調整前当期純利益をベースに利子費用を戻し入れるかです。どちらも間違いではありませんから、経常的な支払余力が見たいのか、当年度の支払余力が見たいのかによって使い分けてください。

$$\text{ICR} = \frac{経常利益 + 利子費用}{利子費用}$$

$$または \quad \frac{\begin{array}{c}税金等調整前\\当期純利益\end{array} + 利子費用}{利子費用}$$

　このほか、簡便法として営業利益を使ったり、営業利益に受取利息・配当金を足したものを使ったり、営業利益に受取利息・配当金と持分法利益を加えたものを使ったりすることもあります。おそらく、グロスの利子費用に対しては、経常利益に利子費用を戻し入れた利益を使うのが一番自然でしょう。ただし、米国会計基準や国際財務報告基準を採用している企業は経常利益がないので、税金等調整前当期純利益に利子費用を戻し入れた利益を使うか、営業利益で代用するかのどちらかでしょう。企業間比較をする場合は、条件をできるだけ近づけましょう。

　それでは、具体例を見てみます。任天堂は無借金なので、分母がゼロになってしまい、ICRが計算できません。そこで、2016年10月期のTASAKIと2014年3月期のスカイマークのICRを計算することにします。

　比率の計算に使うので、少し細かい桁まで数字を拾います。TASAKIの経常利益は22.3億円で、営業外費用中、支払利息が1.63億円あるので、分子の利益は23.9億円です。したがって、ICRは、$23.9/1.63 \approx 1500\%$と計算できます。

　スカイマークの経常損失は4.03億円、営業外費用中、支払利息が1.05億円で、分子の利益は2.98億円の

赤字です。形式的な ICR はマイナス 280 ％と計算できますが、赤字のとき、ICR に意味はありません。

キャッシュ・フロー・インタレスト・カバレッジ・レシオ

しかし、インタレスト・カバレッジ・レシオがマイナスになったからといってすぐに資金ショートするわけではありません。利益とキャッシュ・フローは同じではないからです。そこで、キャッシュ・フロー・ベースで ICR を考えます。

ただし、すべてのキャッシュ・フローを考えるわけではありません。すでに述べたように、キャッシュ・フローは、いろいろな理由で生じます。とくに、借入れや新株発行によるキャッシュ・フローを入れてしまっては信用リスクの評価として不適切です。また、設備投資についても別に考えるべきでしょう。そこで、営業キャッシュ・フローに注目した**キャッシュ・フロー・インタレスト・カバレッジ・レシオ**を取り上げます。これも長いので **CFICR** と略すことにします。

$$CFICR = \frac{営業キャッシュ・フロー}{利子支払額}$$

ここで使う営業キャッシュ・フローの元になる数字は、キャッシュ・フロー計算書に載っています。キャッシュ・フロー計算書は、キャッシュ・フローを「営業活動によるキャッシュ・フロー」「投資活動によるキャッシュ・フロー」「財務活動によるキャッシュ・フロー」の3つに分けています。

具体的には、キャッシュ・フロー計算書の「営業活動によるキャッシュ・フロー」の「小計」の欄の数字を元に調整します。「小計」より下では、利息や配当金の受取額が足されていたり、利息の支払額や法人税等の支払額が引かれていたりするので「営業活動によるキャッシュ・フロー」そのものを使うのはやめましょう。

　利息や配当金の受取額や利息の支払額の取扱いには2とおりのやり方があります。1つは、利息や配当金の受取額や利息の支払額を「営業活動によるキャッシュ・フロー」に書く方法で、もう1つは、利息や配当金の受取額を「投資活動によるキャッシュ・フロー」に書き、利息の支払額を「財務活動によるキャッシュフロー」に書く方法です。

　利子の支払原資がどれくらいあるかという意味では、利息や配当金の受取額は営業キャッシュ・フローに足しておいたほうがよさそうです。また、利子の支払余力を見る上では、税引前の数字のほうが適切でしょう。利子費用は損金（税務上の費用）になり、それが控除されたあとの所得（利益）をもとに法人税が決定されるからです。

　そこで、「営業活動によるキャッシュ・フロー」の「小計」の数字に、利息や配当金の受取額を足して営業キャッシュ・フローとします。利息や配当金の受取額は、「営業活動によるキャッシュ・フロー」の「小計」の下に書いてあるか、「財務活動によるキャッシュフロー」の欄に書いてあります。

　具体例を見てみます。2016年10月期のTASAKIの「営業活動によるキャッシュ・フロー」の「小計」は

26.9億円、利息や配当金の受取額が141万円なので、営業キャッシュ・フローは26.9億円、利息の支払額は1.67億円なので、CFICRは26.9/1.67≈1600％となります。TASAKIのICRは1500％で、CFICRは1600％と少し改善しています。

次にスカイマークの2014年3月期を見てみましょう。「営業活動によるキャッシュ・フロー」の「小計」は38.4億円、利息や配当金の受取額が1,300万円なので、営業キャッシュ・フローは38.5億円、利息の支払額は1.08億円なので、CFICRは38.5/1.08≈3600％です。

スカイマークのICRはマイナス280％で、CFICRは3600％と大幅に改善しています。この違いにつながった大きな項目は、前受旅客収入金の増加33億円、減価償却費25億円、定期整備引当金の増加24億円などです。どちらの指標を参考にするかによって判断は大きく違ってくることになりましょう。

なお、スカイマークの資金ショートの理由は、利子の支払いではありません。燃料費と航空機材リース料です。スカイマークの2014年3月期の事業費明細書によると、燃料費・燃料税が269億円、航空機材リース料が150億円でした。これは、キャッシュ・フローではありませんが、ほぼ支出額に近いと見ていいでしょう。そして、この2項目は、事実上、固定費です。これらの合計419億円を分母に足すと、38.5/420≈9.2％となり、かなり危機的状況だったことがわかります。

EBITDAインタレスト・カバレッジ・レシオ

ある意味、信用リスク判定のための究極のフロー・レシオとして、**EBITDA インタレスト・カバレッジ・レシオ**を考えることができます。これを **EBITDAICR** と略すことにしましょう。

まず、**EBITDA** について説明しましょう。EBIT は、税金等調整前当期純利益に純利子費用を戻し入れたものでした。これは、BS の左側の金融資産以外の資産がどれだけの利益を稼ぎ出したのかを示す指標です。

これに対して、EBITDA というのは、EBIT に減価償却費や減損損失といったキャッシュ・フローをともなわない費用を戻し入れたものです。イービッダー、または、イービットディーエーと呼ばれることが多いようです（日本では、エビタという人もいます）。

EBITDA は、税引前利払前減価償却前償却前利益という意味の英語 Earnings Before Interest, Taxes, Depreciation and Amortization の頭文字です。英語では、有形固定資産を減価償却、無形資産を償却といいます。減損損失など、そのほかにもキャッシュ・フローをともなわない費用があれば、それも戻し入れておきます。

この EBITDA は、ある意味、一番、キャッシュ・フローに近いものです。営業キャッシュ・フローとの違いは、営業外損益や特別損益が入っていること、売上債権や棚卸資産などに対する運転資本投資を控除しないことです。EBITDA は、一定期間に入ってきたキャッシュとほぼ同じと考えてよさそうです。

ここで、EBITDA インタレスト・カバレッジ・レシオ、EBITDAICR を次のように定義します。

第5章　この会社、カネ貸して大丈夫か？　　187

$$\text{EBITDAICR} = \frac{\text{EBITDA}}{\text{純利子費用}}$$

　これが、ある種、信用リスク判定のための究極のフロー・レシオだというのは、EBITDAICRが1を下まわると、運転資本投資を控えて、企業が獲得するキャッシュのすべてを利払いに充てても足りないということを意味するからです。金融機関などからの追貸しや増資がなければ、資金ショートして倒産します。

　余談ですが、2016年、中国の上海証券取引所と深圳証券取引所の全上場企業2,850社のうち、223社のEBITDAICRが1倍を下まわっているそうです（関辰一、「中国の潜在的な不良債権は12.5兆元と公式発表の10倍」、『アジア・マンスリー』、2016年10月号）。

　2016年10月期のTASAKIの税金等調整前当期純利益は22.2億円、受取利息が104万円、支払利息が1.63億円、減価償却費が5.30億円です（PLの販管費の減価償却費は3.51億円ですが、これは売上原価の減価償却費を含んでいないので、連結キャッシュ・フロー計算書の「営業活動によるキャッシュ・フロー」から数字を取るようにしましょう）。よって、EBITDAは29.1億円、純利子費用は1.62億円です。EBITDAICRは29.1/1.62≈1800％となり、さらに改善されます。

　2014年3月期のスカイマークの税金等調整前当期純損失は4.38億円、受取利息が1,200万円、支払利息が1.05億円、減価償却費が24.8億円、減損損失が1,700万円です。よって、EBITDAは21.5億円、純利子費用は9,300万円です。EBITDAICRは21.5/0.93≈2300％

です。ただし、分母に燃料費と航空機材リース料の合計419億円を足すと 21.5/420≈5.1％となり、やはり危機的状況です。

3 BSの左と右をそろえる

長期は長期

ここまで、流動比率、当座比率といったストックの比率、インタレスト・カバレッジ・レシオ（ICR）、キャッシュ・フロー・インタレスト・カバレッジ・レシオ（CFICR）、EBITDAインタレスト・カバレッジ・レシオ（EBITDAICR）といったフローの比率を説明してきました。

流動比率は、比較的短い期間でキャッシュとして回収される流動資産と比較的短い期間でキャッシュを支払わないといけない流動負債の比率です。ただ、流動資産には棚卸資産が含まれていて、不動産業界など、棚卸資産に流動性がない場合があるので、棚卸資産などを分子から除いて、当座の支払いに充てることができる当座資産と流動負債の比率を計算する当座比率も使われます。

ICRは、利子費用控除前利益と利子費用の比率、CFICRは営業キャッシュ・フローと利子支払額の比率、EBITDAICRはEBITDAと純利子費用の比率で、1年間に稼ぐ利益や営業キャッシュ・フローが利子費用や純利子費用の何倍程度あるかで、支払余力を推し量ろうという指標です。

これに対して、事業資産がどのようにファイナンスされているかに着目したストックの指標があります。あるメーカーが、工場の製造設備に投資した資金を、急に返

さないといけなくなったとしましょう。すぐに返そうとしても、工場の製造設備になっていてはムリです。長期間の返済であれば、その設備を使って製造した製品が販売され、売上債権が回収された資金の中から、元本と利息を支払っていけます。しかし、すぐに返すためには、その設備を売却してキャッシュに換えないといけません。これでは、製造ができなくなる上、製造設備の中古価格は安くて大した金額にならないことが多いので、普通はいいアイディアではないと考えられます。誰かほかの人からおカネを借りるか新株発行するほかありません。

つまり、キャッシュとして回収するのに長期間かかる資産に投資する資金は、長期間掛けてちょっとずつ元本と利息を返済するような長期の資金源がいいのです。**長期のものは長期で手当てする**ということです。コストを考えなければ、株式で調達しておくと返済の義務もなく安心です。

固定比率

このように、固定性の高い長期の資産を、固定性の高い長期の資金源でファイナンスしている割合を示すために、**固定比率**が使われてきました。固定比率の定義は、論者によって違いますが、固定資産と自己資本の比率とするのが一般的です。ただ、ここでいう「自己資本」は東証の定義するようなテクニカルな意味ではなく、必要なら返さなくていい資金というくらいの意味なので、非支配株主持分や新株予約権を入れて、純資産を分母にしても構いません。

$$固定比率 = \frac{固定資産}{自己資本} \quad または \quad 固定比率 = \frac{固定資産}{純資産}$$

固定比率は、100％未満であれば安心だといわれています。

固定長期適合率

固定比率は、長期のものを長期で手当てしているかどうかを判定する指標ですが、これだけだと基準が厳しすぎる面があります。たとえば、メーカーが設備投資をするときに、つねに新株を発行してこれをファイナンスするかといえば、ノーといわざるをえません。銀行から融資を受けて設備投資をすることも一般的です。

そこで、長期の資金調達を意味する負債も分母に入れた指標にも意義があります。これが**固定長期適合率**です。

$$固定長期適合率 = \frac{固定資産}{純資産 + 固定負債}$$

日本は、間接金融優位の国で、企業は株式市場から資金調達するよりも、銀行などの金融機関からおカネを借りることのほうが普通でした。株式市場で、株式の時価で新株発行する時価発行増資が増えたのは1970年代のことです。

それまで、成長しようと投資を繰り返す企業は、銀行借入れが増えるため、どうしても固定比率が切り上がります。そこで、固定比率よりも固定長期適合率が重視されてきたという歴史的な事情がありました。

4 東京電力の震災後決算

震災と原発事故

「長期のものは長期で」という基本原則を守っていなかったために大きな問題となったのは、福島第1原子力発電所の事故を経験した東京電力(現・東京電力ホールディングス)です。

ご承知のとおり、2011年3月11日午後2時46分、東北地方三陸沖を震源とする国内観測史上最大のマグニチュード9.0の強い地震が起き、宮城県北部で震度7が観測されました。東日本大震災です。消防庁によると、震災関連死者数は約2万人に上るそうです。

この震災にともなう津波で、東京電力福島第1原子力発電所の電源が失われ、炉心溶融(メルト・ダウン)、建屋の水蒸気爆発などが起き、多数の人が避難する事態となりました。この事故により、東京電力は経営危機に見舞われます。

東京電力の決算書

それでは、2011年3月31日付け、つまり、震災20日後の日付の東京電力の決算書を見てみましょう(図5-7)。(「一年以内に期限が到来する固定負債」の金額は、社債明細表や借入金等明細表を見て、社債と借入金に振り分けています)

これは、震災20日後の日付の決算書です。決算短信を発表したのは5月20日ですが、この短期間で「よくぞ締めたな」という感想です。震災からの20日間では、原子炉を冷却できず、海水を注入したり、ヘリコプ

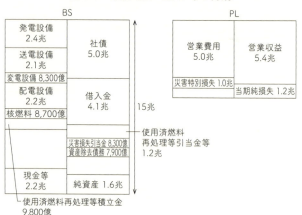

図 5-7　東京電力・2011 年 3 月期

ターから散水したり、建屋の水蒸気爆発が起きたりしています。一部のエリアでは計画停電もありました。東京電力にかぎらず、東北の被災地の事情がわからず、災害特別損失をいくら計上していいのかわからなかった会社も多かったようです。金融庁は、この年、有価証券報告書の提出期限を 3ヶ月延ばしています。

　BS と PL をザッとながめると、やはりインフラ系の特徴が出ていることに気がつきます。この点は、すでに見た 2017 年 3 月期の東京電力ホールディングスの決算書と同じです。東京電力 2011 年 3 月期では、BS は、PL の 2.8 倍、総資産回転率は 0.36 倍です。また、BS 中に占める固定資産、とくに有形固定資産の割合が高い。固定資産は総資産の 80.3 %、有形固定資産は総資産の 65.9 %を占めます。

　社債 5.0 兆円や借入金 4.1 兆円など、有利子負債が多

いわりに純資産が 1.6 兆円と少ないのが気になります。これには、当期純損失 1.2 兆円が効いていて、前年純資産の 2.5 兆円から大幅に減少しています（この頃の当期純損失は、現在の「親会社株主に帰属する当期純損失」に相当します）。この当期純損失 1.2 兆円は、不良債権処理で莫大な損失を計上した 2003 年 3 月期のみずほフィナンシャルグループの 2.4 兆円の当期純損失に次ぐ、日本企業史上 2 番目に大きい赤字です。

東京電力のPL

実は、東京電力、この年、営業増収、営業増益です。営業収益は 5.0 兆円から 5.4 兆円へ、営業利益は 2,800 億円から 4,000 億円へとかなり増えました。営業増収の理由は、2010 年夏が猛暑であったため、冷房用の電力需要が伸びたためです。一方、営業増益の理由は、新潟県中越沖地震によって停止していた柏崎刈羽原子力発電所の再稼働により、火力発電所の燃料費が減少したことも理由の 1 つでした。経常利益の段階でも 2,000 億円から 3,200 億円へと大幅な増益です。

しかし、東日本大震災と、それにともなう福島第 1 原子力発電所の事故により災害特別損失が 1.0 兆円計上されています。これによって、税金等調整前当期純損失が 7,700 億円になりました。さらに追い打ちで法人税等調整額が 4,600 億円掛かって、1.2 兆円の最終損失です。

繰延税金資産の追い打ち効果

この法人税等調整額は、繰延税金資産の切り落としで

す。実際、流動資産の繰延税金資産 610 億円と固定資産の繰延税金資産 4,400 億円がなくなっています。**繰延税金資産**というのは、ざっくりいうと税金の前払い分です。日本では、確定決算主義といって、会計上の利益と税務上の課税所得は基本的に同額になるはずですが、あまりに自由を認めると、節税のため、利益を小さくすることがあるので、行き過ぎた節税を抑制するために、税務上の費用（損金）に入れられない会計上の費用があったりします。会計上の利益が税務上の課税所得より小さいとき、将来の利益に対応する税金まで今払うことになるので、税金の先払いと考えて資産にします。これが繰延税金資産です。節税がうまくいって税金の後払いになるときは、**繰延税金負債**です。

ただ、繰延税金資産も繰延税金負債もタイム・リミットがあることがあります。たとえば、一定の条件を充たすと、過去の赤字は将来の黒字と税務上相殺できるので、過去の赤字は、将来の税金を減らすという意味で資産ですが、この相殺ができるのは一定期間内の赤字だけです。つまり、利用期限があります。そして、当然ながら、繰延税金資産を超える金額を納税しなければ税金をまけてはもらえません。繰延税金資産の一部は、ある意味、期限付きの税金割引クーポンであって、利用しなければ期限が来て使えなくなってしまいます。

東京電力の場合は、福島第 1 原発の事故を受けて、予見しうる近い将来に 4,600 億円もの納税をする可能性は低いと見て、繰延税金資産を切り落としたのでしょう。

なお、繰延税金負債が出がちな状況なら、繰延税金負

債は利益の安定化装置として機能します。赤字になると将来税金を納める確率が下がって、繰延税金負債が小さくなり、赤字幅が緩和される一方、黒字になると将来税金を納める確率が上がって、繰延税金負債が大きくなり、黒字幅が抑制されます。繰延税金負債は、利益の振れ幅が小さくなる方向で安定化装置として機能します。

　ところが、繰延税金資産は、不安定化要因です。大幅な赤字が出たときに、将来税金を納める確率が小さくなって、追い打ちで追加損失が出ます。たとえば、2009年3月期の日立製作所は、税引前当期純損失2,900億円に対し、繰延税金資産の切り落としが約5,000億円分の追い打ちとなり、当期純損失7,900億円となりました。

　大きな損失が出た場合、金額の大きさに驚くだけでなく、そのうちのどれくらいが繰延税金資産の切り落としなのかを気にしてみましょう。繰延税金資産というのは難しいコンセプトなのですが、これを理解することは重要です。大きな損失が出たとき、**繰延税金資産の切り落としによる追い打ち効果**があることは憶えておいてください。

決算書の変化

　東京電力の2011年3月期の決算書を見ているだけではわかりにくいのですが、電力業界のBSとPLについての常識があれば、少し変わっている点に気がつきます。

　まず、キャッシュが2.2兆円と多すぎます。営業収益153日分というのは、5ヶ月分です。電力会社は、今夏が冷夏なのか猛暑なのかについても予想を立てて、電力

が不足することのないように、きちんとした供給計画を立てているはずです。つまり、電力需要も、それと連動する資金需要もよくわかっていて、キャッシュ・マネジメントがやりやすい業界です。よって、かなり少なめのキャッシュで回していけます。実際、前年の現金等は1,800億円です。手許流動性が、急激に2兆円以上増えています。

東日本大震災とそれにともなう福島第1原子力発電所の事故の影響を見るために、前年からどれだけ変化したのかを差分を取って図に描いてみましょう。この差分BSは、ドイツ会計学では伝統的に**運動貸借対照表**と呼ばれてきました。しかし、運動貸借対照表というとかなり古めかしい感じがするのと、BSだけでなくPLの差分も見たいので、ここでは、**差分BS、差分PL**と呼ぶことにします。

東京電力の2011年3月期のBS・PLと2010年3月期のBS・PLとの差分を図にすると図5-8のとおりです。

当期純損失1.4兆円の多くは、災害特別損失1.0兆円です。この損失は、それだけ資産が減少したか、将来支払う支出のための引当金（負債）がそれだけ増加したかのどちらかです。災害損失引当金が7,400億円増えているので、ざっくり4分の3程度は、将来の支出の見積もり、4分の1程度は資産減少と考えられます。

メガ・バンクの緊急融資

このほか、差分BSからすぐにわかることは、手許流動性が2.1兆円も高まったのは、主に借入金が1.8兆円

図5-8　東京電力・2011年3月期と2010年3月期の差分

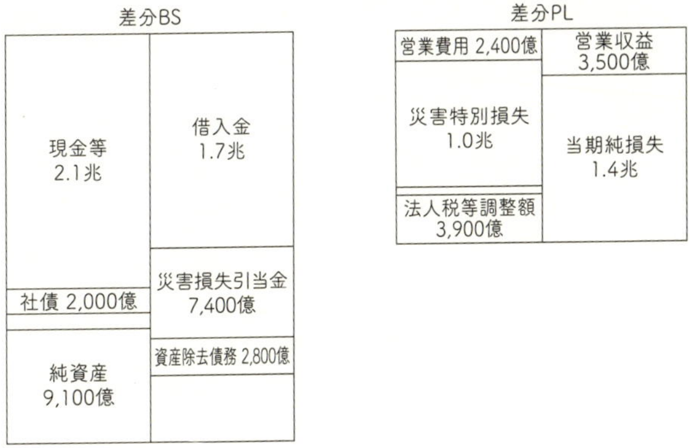

差分BS

現金等 2.1兆	借入金 1.7兆
社債 2,000億	災害損失引当金 7,400億
純資産 9,100億	資産除去債務 2,800億

差分PL

営業費用 2,400億	営業収益 3,500億
災害特別損失 1.0兆	当期純損失 1.4兆
法人税等調整額 3,900億	

増加したためだということです。

　これは、メガ・バンク3行を中心とした金融機関の緊急融資です。前年は、日本政策投資銀行から3,500億円、日本生命から1,400億円、第一生命から1,300億円、三井住友銀行から1,200億円、みずほコーポレート銀行から820億円程度の借入れでしたが、2011年3月末には、三井住友銀行から7,700億円、みずほコーポレート銀行から5,800億円、三菱東京UFJ銀行から3,500億円、日本政策投資銀行から3,200億円、三菱UFJ信託銀行から2,000億円程度となっています。追加の金額を見ると、三井住友銀行から6,500億円、みずほコーポレート銀行から5,000億円、三菱東京UFJ銀行から3,500億円増加しています。

　もちろん、この時期の東京電力は経営危機でした。3月10日の東京電力の株価は2,153円でしたが、以後、ほぼ一本調子で下げ3月31日には466円まで下げま

す。この間、78.4％、つまり、約8割がたの時価総額が失われました。普通の銀行の融資担当者なら、積極的に融資したくない状況です。

　震災からかなり時間が経ち、あの頃の雰囲気を思い出せなくなった人もいると思いますが、当時は、「千年に1度の大地震による未曾有の国難である」「東京電力の経営危機を救うのがメガ・バンクの社会的責任である」という風潮も強くありました。しかし、メガ・バンクの経営者としては社会的責任を自認して、融資を実行して貸し倒れれば、株主から経営責任を問われかねません。やはり、国の暗黙の債務保証が欲しいところです。しかし、国としては暗黙の債務保証はしたくないと思われます。

　2011年5月29日付けの『日本経済新聞』の記事によると、当時の東京電力は持ちまわり取締役会で緊急融資の要請を決めて、取引銀行に連絡したとのことです。金融庁が、金融機関に融資を実行するかどうかを確認したところ、大手銀行首脳は、金融庁からの「確認」を「政府からの事実上の要請だと受け止め」て融資を実行したようです。

原発停止と燃料費増加

　それでは、東京電力はなぜ2兆円を超えるキャッシュが必要になったのでしょうか。

　福島第1原発事故を受けて、多くの人が思い出したのは新潟県中越沖地震でした。2007年7月16日に起きた新潟県中越沖地震では、世界最大の柏崎刈羽原子力発電所で火災が起きて、汚染水が漏れました。これによ

り、柏崎刈羽原子力発電所はしばらく停止されます。

東京電力の 2008 年 3 月期の PL と 2007 年 3 月期の PL の差分を見てみましょう（図 5-9）。

ご覧のとおり、営業収益が 2,000 億円増加したのに対し、営業費用が 6,100 億円と激増しています。結果として、営業利益が 4,100 億円減少しました。営業収益と営業費用の比率（営業費用率）は、2007 年 3 月期が 89.6 ％、2008 年 3 月期が 97.5 ％です。

営業収益が伸びると営業費用も伸びます。しかし、すべてが変動費ではなく、一部固定費があるので、営業費用率は下がりましょう。ただ、どれくらい下がるかわからないので、かりにまったく下がらないとすると、営業費用の増加は 1,800 億円になります。よって、営業費用率がまったく下がらないという想定の下で、営業費用 6,100 億円のうち、4,300 億円が柏崎刈羽原発停止にともなう燃料費の増加だろうと推測できます。これが 8 ヶ

図 5-9　東京電力・2008 年 3 月期と 2007 年 3 月期の差分

差分PL

営業費用 6,100億	営業収益 2,000億
	営業利益 4,100億

月半停止の効果なので、年率換算して 6,100 億円程度の燃料費が増加しそうです（もちろん、為替や液化天然ガス（LNG）価格の変動の影響を受けます）。

債券格付けの低下と社債の償還

原発停止にともなう燃料費増加のほか、もう 1 つ大きな支出項目があります。2011 年 3 月期の BS を見ると「1 年以内に期限到来の固定負債」が 7,700 億円もあるのです。有価証券報告書の情報によると、社債、長期借入金、短期借入金、コマーシャル・ペーパーの返済予定額合計は、1 年以内が 1.2 兆円、1 年超 2 年以内が 7,700 億円、2 年超 3 年以内が 9,700 億円、3 年超 4 年以内が 9,000 億円、4 年超 5 年以内が 7,100 億円、5 年超が 3.0 兆円となっています。このうち、金額が大きいのは社債です。

もちろん、返済予定額が巨額ではあっても、新しくおカネを借りることができれば、何の問題もありません。

しかし、原発事故以来、東京電力の社債の格付けは大きく下がりました。とくに先行して動く傾向のあるスタンダード・アンド・プアーズの格付けは、2011 年 5 月 30 日の段階で東京電力社債は BB$^+$、東京電力に対する無担保債権は B$^+$ となり、投資適格の最低ラインとされる BBB$^-$ を下まわります。つまり、しばらくのあいだ社債の新規発行は困難となりました。

よって、1.2 兆円、7,700 億円、9,700 億円、9,000 億円と毎年巨額の支出が続く可能性が高くなりました。金融機関による 2 兆円規模の緊急融資のこころは、債務返済 1.2 兆円と燃料費増加 6,100 億円前後を考えて、何

とか1年持ちこたえるためのキャッシュが欲しいということだったのではないかと思います。翌年の夏には、電気料金値上申請が承認されるとともに、公的資金1兆円が注入されました。

長期のものを短期で

それでは、東京電力はなぜ長期のものを長期の資金でファイナンスしなかったのでしょうか。東京電力のBSの左側に載っている発電設備2.4兆円、送電設備2.1兆円、変電設備8,300億円、配電設備2.2兆円は、投資期間が数十年におよぶ超長期のものです。これほど長い期間を負債で資金調達するのは難しいので、教科書的には株式発行によってファイナンスすべきという意見が出てくるかもしれません。実際、当期純損失1.2兆円の影響もあり、固定比率は740％です（緊急融資の効果があって、固定長期適合率は92％と100％を下まわっています）。

一見、教科書的にはおかしく見えるBSの右側の構成は、インフラ系のビジネスの性質によるものです。電力業界では、電力需要をかなり正確に予想する必要があり、キャッシュ・マネジメントがやりやすい業界です。毎月毎月、キャッシュが入ってくるという意味でも資金繰りが容易です。また、当時は地域独占であったために、つぶれる心配もまずないと考えられていました。

そして、株主が期待している利回りがかなり高い一方で、とくに短期の社債や借入金の金利は相当低く抑えられます。あまりに資金調達コストが違いすぎるために、「長期のものは長期で」という原則にしたがわず、「長期

のものを短期で」ファイナンスしていたわけです。

　ただ、千年に1度の地震による原発事故という滅多に起きないイベントで経営危機に陥った東京電力は例外中の例外と考えられます。現在も多くのインフラ系の企業が社債などで資金調達していますし、それには十分な合理性があるのです。

　なお、東京電力は震災の翌年から適格機関投資家限定で社債発行を開始しています。2016年4月、電力自由化にともない、東京電力は、東京電力ホールディングスという持株会社の下に3社がぶら下がるかたちになりました。そして、送配電事業を営んでいる東京電力パワーグリッドが2017年3月に社債を発行し、公募社債市場に復帰しました。期間3年の社債の利率が0.38％、期間5年の社債の利率が0.58％です。

索 引

算用数字・アルファベット

1年基準 … 43
BS … 21
CCC … 98
CFICR … 183
EBIT … 138
EBITDA … 186
EBITDAICR … 186
EBITDAインタレスト・
　カバレッジ・レシオ … 186
EDGAR … 35
EDINET … 34
IFRS … 21
M&A … 27
MUFG … 77
NBC … 153
NOA … 152
NOPAT … 138
NTTドコモ … 12, 21
PL … 22
RNOA … 153
ROA … 134
ROCE … 154
ROE … 129
ROI … 110
ROIC … 72
ROS … 62, 108
TAC … 91
TASAKI … 178
XBRL … 35

あ行

アサヒグループ
　ホールディングス … 26
預け金 … 78
アセット・ライト … 57
アップル … 100, 102
粗利益 … 46, 112
インタレスト・
　カバレッジ・レシオ … 180
売上原価 … 45
売上債権 … 39
売上債権回転期間 … 82
売上債権回転月数 … 83
売上債権回転日数 … 83
売上仕入 … 66
売上総利益 … 46, 112
売上(高) … 44
売上高営業利益率 … 61
売上高利益率 … 62, 108

運動貸借対照表 ……………… 196
営業外収益 …………………… 114
営業外費用 …………………… 114
営業収益 ……………………… 112
営業費用 ……………………… 112
営業利益 ………………… 46, 112
営業利益率 ……………… 48, 62
エクイティ法 ………………… 152
エンタプライズ法 …………… 152
親会社株主に係る
　包括利益 …………………… 119
親会社株主に帰属する
　当期純利益 ………………… 115
親会社株主包括利益 ………… 120
親会社株主利益 ……………… 115

か行

買入債務 ……………………… 39
買入債務回転期間 …………… 91
買入債務回転月数 …………… 93
買入債務回転日数 …………… 93
会社 …………………………… 123
回収サイト …………………… 82
貸倒引当金 …………………… 84
貸出金 ………………………… 78
稼得資本 ……………………… 122
株主資本 ……………………… 122
株主資本利益率 ……………… 130
キッコーマン ………………… 48
キャッシュ・コンバージョン・
　サイクル …………………… 98

キャッシュ・フロー ………… 180
キャッシュ・フロー・
　インタレスト・
　カバレッジ・レシオ ……… 183
拠出資本 ……………………… 121
キリンホールディングス …… 26
繰延税金資産 ………………… 194
繰延税金負債 ………………… 194
クリーン・サープラス ……… 118
クリーン・
　サープラス関係 …………… 118
経常利益 ……………………… 114
決算短信 ……………………… 33
月商 …………………………… 55
減価償却 ……………………… 49
原価率 ………………………… 48
現金等 ………………………… 38
国際財務報告基準 …………… 21
固定資産 ……………………… 37
固定性配列法 ………………… 69
固定長期適合率 ……………… 190
固定比率 ……………………… 189
固定負債 ……………………… 37
個別財務諸表 ………………… 24
コングロマリット …………… 110

さ行

財政状態計算書 ……………… 22
サイト ………………………… 82
債務超過 ……………………… 163
財務リスク …………………… 142

財務レバレッジ 140
差分 BS 196
差分 PL 196
酸性テスト比率 177
仕入原価 113
仕掛品 40
事業リスク 142
自己資本 127
自己資本当期純利益率 131
資産 37
支払サイト 91
四半期決算短信 33
四半期報告書 33
資本 44, 111, 120
資本金 44, 120
資本剰余金 44, 121
島精機製作所 86
純借入コスト 153
純金融費用 153
純事業資産 152
純事業資産利益率 153
純事業利益 153
純資産 37, 43, 129
純粋持株会社 25
上級デュポン・モデル 155
使用資本 154
ジレット・モデル 22
新株予約権 127
スカイマーク 172, 173
スマイル・カーブ 103
税金等調整前当期純利益 115
正常営業循環基準 43

製造原価 113
税引前利益 115
セグメント 31
全部連結 116
総資産回転期間 52
総資産回転月数 52
総資産回転日数 52
総資産回転率 52
総資産経常利益率 134
総資産利益率 134
総資本 126
総資本利益率 134
その他の包括利益 119
その他の包括利益累計額 119
損益計算書 22

た行

貸借対照表 21
棚卸し 40
棚卸資産 39
棚卸資産回転期間 99
棚卸資産回転月数 99
棚卸資産回転日数 99
棚卸資産回転率 99
他人資本 125
ティーガイア 59
テクマトリックス 97
デット・エクイティ・
　レシオ 155
手許流動性 167
手元流動性 167

デュー・ディリジェンス……27	払込資本……121
デュポン展開……144	販管費……46, 112
デュポン・モデル……144	販管費率……48
投下資本……110, 154	半製品……40
投下資本利益率……110	販売費及び
当期純利益……115	一般管理費……46, 112
東京ガス……71	ぴあ……65
東京瓦斯……71	ビジネス・リスク……142
東京電力……192, 197, 199	非支配株主に係る
東京電力	包括利益……120
ホールディングス……68	非支配株主に帰属する
当座比率……176	当期純利益……115
倒産……163	非支配株主包括利益……120
投資その他の資産……41	非支配株主持分……116
東証ROA……135	非支配株主利益……115
東証ROE……131	比例連結……116
東証上場会社	ファナック……145, 157
情報サービス……34	ファブレス・メーカー……168
東都水産……61	ファミリーマート……95
特別損失……115	負債……37
特別利益……115	負債比率……155
	負債持分比率……155
	部分連結……116
	包括利益……117

な行

ホールドアップ問題……103

任天堂……164, 168, 170
年商……55
燃料費調整制度……72
のれん……27, 116

ま行

前受サイト……89
前払サイト……96
三菱UFJフィナンシャル・
　グループ……77

は行

薄利多売……61

未払酒税 ·················· 30
無形固定資産 ············· 40
無形資産 ·················· 40
持株会社 ·················· 24
森ビル ····················· 74

や行

有価証券報告書 ··········· 33
有形固定資産 ············· 40
有利子負債 ················ 42
ユーザンス ················ 82

ら行

利益剰余金 ············ 44, 122
利益率 ················ 62, 108
流動資産 ·················· 37
流動性 ···················· 69
流動性配列法 ············· 69
流動比率 ················· 174
流動負債 ·················· 37
留保利益 ············· 44, 122
レバレッジ ··············· 140
連結財務諸表 ·············· 25

【著者略歴】
太田　康広（おおた・やすひろ）
慶應義塾大学ビジネス・スクールエーザイチェアシップ基金教授。1968年生まれ、慶應義塾大学経済学部卒業、東京大学より修士（経済学）取得、ニューヨーク州立大学経営学博士。カナダ・ヨーク大学を経て現職。事業仕分け・仕分け人、行政事業レビュー外部評価者、消費者委員会公共料金等専門調査会委員、会計検査院特別研究官、防衛装備庁契約制度研究会員等を歴任。日本経済会計学会常任理事、Accounting Research Letters 編集委員長、日本会計研究学会評議員。

日経文庫1386
ビジネススクールで教える経営分析

2018年2月15日　1版1刷
2025年7月9日　　　5刷

著　者　　太田康広
発行者　　中川ヒロミ
発　行　　株式会社日経BP
　　　　　日本経済新聞出版
発　売　　株式会社日経BPマーケティング
　　　　　〒105-8308　東京都港区虎ノ門4-3-12

装幀　next door design
DTP　マーリンクレイン
印刷・製本　三松堂
Ⓒ Yasuhiro Ohta, 2018
ISBN978-4-532-11386-5　Printed in Japan

本書の無断複写・複製（コピー等）は著作権法上の例外を除き、禁じられています。
購入者以外の第三者による電子データ化および電子書籍化は、私的使用を含め一切認められておりません。
本書籍に関するお問い合わせ、乱丁・落丁などのご連絡は下記にて承ります。
https://nkbp.jp/booksQA